Brennpunkt Verfassungsstaat

LEIPZIGER SCHRIFTEN ZUM ÖFFENTLICHEN RECHT

Herausgegeben von Jochen Rozek

Band 17

PETER LANG

Berlin - Bruxelles - Chennai - Lausanne - New York - Oxford

Steffen Detterbeck / Jochen Rozek /
Christian von Coelln

Brennpunkt Verfassungsstaat

Symposium aus Anlass des 80. Geburtstages von Herbert Bethge

PETER LANG

Berlin - Bruxelles - Chennai - Lausanne - New York - Oxford

Bibliografische Information der Deutschen Nationalbibliothek
Die Deutsche Nationalbibliothek verzeichnet diese Publikation in der Deutschen Nationalbibliografie; detaillierte bibliografische Daten sind im Internet über http://dnb.d-nb.de abrufbar.

ISSN 2195-3821
ISBN 978-3-631-91201-0 (Print)
ISBN 978-3-631-91205-8 (EPDF)
ISBN 978-3-631-91206-5 (EPUB)
10.3726/b21398

Verlegt durch:
Peter Lang GmbH, Berlin, Deutschland

info@peterlang.com - www.peterlang.com

Vorwort der Herausgeber

Der vorliegende Band versammelt unter dem Obertitel „Brennpunkt Verfassungsstaat" die um Anmerkungen ergänzten Vorträge, die am 8. Februar 2020 an der Universität Passau im Rahmen eines Symposiums aus Anlass des 80. Geburtstages von Professor Dr. *Herbert Bethge* zu Ehren des Jubilars gehalten worden sind.

Keinem der Beteiligten war zum damaligen Zeitpunkt schon bewusst, dass wegen der wenig später auch Deutschland ereilenden Corona-Pandemie dieses Symposium für längere Zeit das letzte seiner Art bleiben sollte und dass der Verfassungsstaat durch die Pandemie noch auf ganz andere Art herausgefordert werden sollte, als dies in den Vorträgen thematisiert werden konnte.

Pandemie- und pandemiefolgenbedingt hat sich das Erscheinen dieses Sammelbandes verzögert. Wir hoffen gleichwohl darauf, dass dieser Band nicht nur dem Jubilar zusätzliche Freude bereiten, sondern auch bei den Teilnehmern des Symposiums dazu beitragen möge, dieses weiterhin in angenehmer Erinnerung zu behalten. Wenn die Beiträge darüber hinaus eine interessierte Leserschaft finden, soll es uns ebenfalls recht sein.

Marburg / Leipzig / Köln, im August 2023

Steffen Detterbeck *Jochen Rozek* *Christian von Coelln*

Prof. Dr. Herbert Bethge

Inhaltsverzeichnis

Christoph Herrmann

Grußwort des Dekans

Sehr geehrter Jubilar, lieber Herr Bethge,
werte Gäste,

Grußworte zu halten gehört zu den Pflichten eines Dekans; zu den ebenso angenehmen wie regelmäßigen, wie ich hinzufügen darf. Ein Grußwort bei einem Symposium aus Anlass des 80. Geburtstages eines Fakultätskollegen zu halten, ist hingegen ein besonderes und seltenes Privileg; zumal, wenn der Jubilar ein Ordinarius der ersten Stunde der Universität Passau und ihr sein gesamtes Berufsleben als Hochschullehrer treu geblieben ist. Wenn er sich darüber hinaus so um die Fakultät verdient gemacht hat wie Herbert Bethge, dann ist es überdies eine besondere Freude und Ehre. Der Altersabstand zwischen uns, lieber Herr Bethge, bringt es mit sich, dass wir nicht mehr gleichzeitig an der Fakultät im Dienst standen. Ich kann also heute nicht in Erinnerungen an die gemeinsamen Zeiten schwelgen, was Ihnen – ich kann es ja nicht wissen – vielleicht auch wieder ganz recht ist. Mit großer Freude denke ich allerdings an den 40. Geburtstag unserer Fakultät zurück, bei dem Sie uns im vorvergangenen Herbst in Ihrer launigen Rede in diese Anfangszeiten der Fakultät zurückgeführt haben.

Lieber Herr Bethge, auch wenn Sie 1978 nicht der erste, sondern „nur“ der zweite an die Universität Passau berufene Juraprofessor waren, so stehen Sie doch aus alphabetischen Gründen im allerersten Vorlesungsverzeichnis dieser Universität an erster Stelle.

Im Wintersemester 1978/1979 hielten Sie hier die Vorlesungen im Staatsrecht I (vierstündig) und im Kommunalrecht (zweistündig), zudem ein Kolloquium über Ausgewählte Fragen des Verfassungsrechts. Von der damaligen Kommunalrechtsvorlesung für das dritte Semester – das ja nur aus wenigen spärlichen Ortswechslern an die neue Universität bestehen konnte – kann man im Vorwort der Festschrift, die Ihnen zum 70. Geburtstag überreicht wurde, lesen, sie sei regelmäßig nur von zwei Studentinnen besucht worden. Dem mittelalterlichen universitären Grundsatz „tres faciunt collegium“ wurde also so gerade eben noch Genüge getan. Für die große Bühne mit 500 und mehr Studierenden, die Sie später erfolgreich bespielten, musste die junge Universität erst aus ihren Kinderschuhen herauswachsen.

Lieber Herr Bethge, Sie haben an der Universität Passau rund 30 Jahre lang erfolgreich gewirkt und maßgeblich zum Ruf der Juristischen Fakultät beigetragen. Mit annähernd 50 Doktorandinnen und Doktoranden sowie drei habilierten Schülern, die selbst erfolgreiche Hochschullehrerlaufbahnen eingeschlagen haben, und die heute hier unsere Gastgeber sind, haben Sie sich überdies um den wissenschaftlichen Nachwuchs verdient gemacht und Ihren Teil dazu beigetragen, die leuchtende Flamme des Verfassungsrechts an die nächste Generation weiterzugeben. Die Wichtigkeit einer freiheitlichen Verfassungsordnung wird Ihnen aus Ihrer Lebenserfahrung heraus vielleicht klarer vor Augen gestanden haben als anderen. Umso besorgter müssen Sie in der heutigen Zeit auf die illiberalen und antidemokratischen Vorkommnisse um uns herum, im Inland wie im Ausland blicken. Sie konnten in der DDR nicht Journalist werden und wurden deshalb ein Staatsrechtslehrer, der für Meinungs- und Pressefreiheit brennt. Hoffen wir, dass sich auch in der heutigen Zeit junge Menschen mit vergleichbarer Haltung auf ihren Karriereweg machen, damit aus populistischer und totalitärer Düsternis etwas strahlend Helles entsteht, das die Dunkelheit überwinden hilft.

Lieber Herr Bethge, nun wünsche ich Ihnen und uns allen trotz aller verfassungsrechtlichen Krisen um uns herum ein fröhliches Fest der Rechtswissenschaft, mit anregenden Vorträgen, Diskussionen und persönlichen Gesprächen. Ihnen allen, liebe Gäste, wünsche ich einen wundervollen Nachmittag und Abend. Herzlichen Dank für Ihre Aufmerksamkeit.

Steffen Detterbeck

Brennpunkt Hessischer Staatsgerichtshof – Anmerkungen zur neuen Rechtsprechung*

Ein Variété ist öde im Vergleich zum Hessischen Staatsgerichtshof. Die Richter dort sind mehrheitlich große Zauberer. Mit Magie haben sie die Hessische Verfassung so lange traktiert, bis sie der gesetzlichen Einführung allgemeiner Studienbeiträge nicht mehr entgegenstand. Aber mit Wortlaut und Sinn der Hessischen Verfassung hat dies nichts zu tun. Gebeugtes Recht ist Hessen recht. So nahezu wörtlich die „Süddeutsche Zeitung" vom 12. Juni 2008. Das geistige Schwesterblatt „Der Spiegel" beklagt in seiner Ausgabe vom 16. Juni 2008 einen Akt richterlicher parteipolitischer Willfährigkeit. Die hessischen Verfassungsrichter werden als Beute der Parteien und verlängerter Arm der politischen Fraktionen im Landtag abqualifiziert. Nicht zum ersten und letzten Mal haben Teile der sog. Qualitätspresse Entscheidungen des Staatsgerichtshofs des Landes Hessen (HessStGH), d. h. des hessischen Verfassungsgerichts, in derart unsachlicher Weise attackiert, während sich Deutschlands dünnste Tageszeitung, die oft verpönte „Bild", in ihrer Ausgabe vom 12. Juni 2008 vorbildlich neutral äußert.

Was aber ist los an einem Verfassungsgericht, wenn nicht eben wenige seiner großen, öffentlichkeitswirksamen Entscheidungen der letzten 15 Jahre von Teilen der Presse verrissen werden? Als nunmehr dienstältestes Mitglied dieses Verfassungsorgans und Mitberichterstatter vieler großer Entscheidungen seit 2004 kann ich gewissermaßen aus dem Nähkästchen plaudern – natürlich unter Wahrung des richterlichen Beratungsgeheimnisses. Zunächst meine ganz persönliche Einschätzung: Werden Gerichtsentscheidungen und ihre Richter von einem bestimmten Teil der Presse auf derart polemische Art und Weise angegangen, tragen die Entscheidungen die Vermutung der Richtigkeit in sich.

Anlass für die eingangs zitierte heftige Urteilsschelte war das Studienbeitragsurteil aus dem Jahr 2008.[1] Wie viele andere Bundesländer führte auch Hessen im Jahr 2006 durch Gesetz allgemeine Studienbeiträge ein. Danach musste grundsätzlich jeder Student pro Semester 500 € Studienbeiträge bezahlen. Anders

* Die Form des freien Vortrages wurde beibehalten.

1 HessStGH NVwZ 2008, 883 ff. m. abw. Auffassung *Giani, Falk, Klein, Lange, v. Plottnitz*; zust. *Walther*, LKRZ 2008, 292 ff.

als in allen anderen Bundesländern ist in Hessen die Erhebung von Studiengebühren oder Studienbeiträgen aber grundsätzlich verboten. Ein solches Verbot wird der Vorschrift des Art. 59 Abs. 1 S. 1 Hessische Verfassung (HV) nach allgemeiner Auffassung entnommen. Allerdings lässt Art. 59 Abs. 1 S. 4 HV die Erhebung von Studienbeiträgen unter einer Voraussetzung zu: Nämlich dann, wenn es die wirtschaftliche Lage des Studenten, seiner Eltern oder Unterhaltspflichtigen gestattet.

Vor dem Hintergrund dieser verfassungsrechtlichen Vorgaben landete der Hessische Gesetzgeber folgenden Coup: Zwar wurde für grundsätzlich jeden Studenten eine Semesterstudienbeitragspflicht in Höhe von 500 € statuiert.[2] Allerdings wurde jedem beitragspflichtigen Studenten ein Anspruch auf einen voraussetzungslosen, insbesondere bonitätsunabhängigen Studienkredit eingeräumt, aus dem die Studienbeiträge problemlos bezahlt werden konnten. Zudem waren die Studienbeitragspflicht als solche wie auch die Pflicht zur Kreditrückzahlung sozial stark abgefedert.

Wie nicht anders zu erwarten, entbrannte ein heftiger Streit um die Frage der Verfassungsmäßigkeit dieses Gesetzes – umrahmt von zahlreichen studentischen großen öffentlichkeitswirksamen Protestaktionen. Umfängliche Abhandlungen renommierter Professoren des öffentlichen Rechts gelangten zu gegensätzlichen Ergebnissen.[3] Die Kritiker machten u. a. geltend: Art. 59 Abs. 1 HV lasse nur in Ausnahmefällen Studienbeiträge zu. Werde das HessStudBeitrG als verfassungskonform qualifiziert, habe Art. 59 Abs. 1 HV, der Studienbeiträge grundsätzlich verbiete, keinen Mehrwert im Vergleich etwa zum Grundrecht auf freie Wahl der Ausbildungsstätte nach Art. 12 Abs. 1 S. 1 GG und zu den gleichlautenden Bestimmungen der anderen Landesverfassungen. Sehr plastisch auch der Einwand des damaligen Präsidenten des HessStGH und Gießener Fakultätskollegen Klaus Lange im Sondervotum der überstimmten Richter: Art. 59 Abs. 1 S. 1 HV lautet: „Das Studium kostet nichts“ und nicht „Du kannst es später abzahlen.“

Dem wurde von anderer Seite entgegengehalten: Art. 59 Abs. 1 HV wolle lediglich verhindern, dass wirtschaftliche Schwierigkeiten von der Aufnahme eines Studiums abhielten. Im Falle wirtschaftlicher Leistungsfähigkeit dürften nach Art. 59 Abs. 1 S. 4 HV Studienbeiträge erhoben werden. Wenn der Staat

---

2 Gesetz zur Einführung von Studienbeiträgen an den Hochschulen des Landes Hessen und zur Änderung weiterer Vorschriften vom 16.10.2006, HessGVBl I, S. 512.

3 Für Vereinbarkeit mit der HV: *Pestalozza*, Landesverfassungsrechtliche Fragen eines Hochschulgeldes in Hessen, 2006; *Steinberg/Deimann*, WissR 35 (2002), 113 ff.; für Unvereinbarkeit mit der HV: *Lübbe*, DÖV 2007, 423 ff.; *Schmehl*, NVwZ 2006, 883 ff.

nun alle Studenten wirtschaftlich leistungsfähig mache, dürfe er allgemeine Studienbeiträge erheben.[4]

Beide Auffassungen sind gut vertretbar. Der HessStGH schloss sich in einer 6:5-Entscheidung der zuletzt genannten Auffassung an. Diese Entscheidung löste in der Studentenschaft und der politischen Opposition große Empörung aus. Die sechs entscheidungstragenden Richter wurden vorsorglich unter Polizeischutz gestellt. Eine nachfolgende Verfassungsbeschwerde gegen das Urteil des HessStGH zum großen Bruder in Karlsruhe wurde nicht zur Entscheidung angenommen.[5] Die Ironie des Falles besteht darin, dass das HessStudBeitrG sechs Tage nach Verkündung des Urteils des HessStGH vom Hessischen Landtag aufgrund mittlerweile geänderter Mehrheitsverhältnisse aufgehoben wurde. Was bleibt? Viel Lärm und Rauch und eine – vorläufige – Grundsatzentscheidung zu Inhalt und Reichweite des grundsätzlichen Verbots von Studienbeiträgen der Hessischen Verfassung.

Nicht ganz so hohe Wellen nach außen, aber erhebliche Verwerfungen im gerichtlichen Binnenbereich hatte das ein Jahr vorher verkündete sog. Kopftuchurteil des HessStGH verursacht.[6] Es ging um zwei Vorschriften aus dem Hessischen Beamtengesetz (HBG) und dem Hessischen Schulgesetz (HSchG).

§ 68 Abs. 2 HBG a. F. lautet: „Beamte haben sich im Dienst politisch, weltanschaulich und religiös neutral zu verhalten. Insbesondere dürften sie Kleidungsstücke, Symbole oder andere Merkmale nicht tragen oder verwenden, die objektiv geeignet sind, das Vertrauen in die Neutralität ihrer Amtsführung zu beeinträchtigen oder den politischen, religiösen oder weltanschaulichen Frieden zu gefährden. Bei der Entscheidung über das Vorliegen der Voraussetzungen nach Satz 1 und 2 ist der christlich und humanistisch geprägten abendländischen Tradition des Landes Hessen angemessen Rechnung zu tragen.“ Diese Vorschrift ist wortlautidentisch mit § 45 HBG n. F. – bis auf die gegenderte Beamtenterminologie, die wegen ihrer geschlechtsbinären Orientierung den Postulaten sprachlicher Geschlechtergerechtigkeit ebenfalls nicht mehr zu genügen vermag.

Da in Schulen nicht nur verbeamtete Lehrkräfte, sondern auch tariflich beschäftigte Lehrkräfte tätig sind, enthielt § 86 Abs. 3 HSchG a. F. eine nahezu wortlautgleiche Regelung für Lehrkräfte. Sie stimmt im Wesentlichen mit § 86 Abs. 3 HSchG n. F. überein.

---

4 Dazu der oben genannte Vorwurf der varietéhaften Zauberei.

5 BVerfGK 17, 131 f.

6 HessStGH NVwZ 2008, 199 ff. m. abw. Auffassung *Falk, Giani, Klein, Lange, v. Plottnitz*.

Erklärtes Ziel des Gesetzgebers war es, den Behörden eine Ermächtigungsgrundlage für Kopftuchverbote gegenüber kopftuchtragenden Lehrerinnen und Beamtinnen zu verschaffen. Durch die Formulierung „objektiv geeignet" sollte Voraussetzung für ein dienstliches Verbot nur noch eine eingeschränkte Einzelfallprüfung sein.

Weil der Gesetzgeber keine bestimmten Symbole und Kleidungsstücke verbot, war und ist es Aufgabe der zuständigen Behörde zu prüfen, ob von einem bestimmten Kleidungsstück oder Symbol eine abstrakte Gefahr für das Vertrauen in die Neutralität der Amtsführung oder für den politischen, religiösen oder weltanschaulichen Frieden in der Schule bzw. der Behörde ausgeht. Der zuständigen Dienststelle obliegt also die Entscheidung, ob von schwarzen Bomberjacken, schwarzen Springerstiefeln mit roten Schnürsenkeln, einem Thor-Steinar-T-Shirt, einem um den Lehrerhals getragenen überdimensionierten Kreuz, einem Ganzkörperschleier oder eben von einem islamischen Kopftuch eine solche abstrakte Gefahr ausgeht. Auf die konkreten Auswirkungen für die einzelne Schule oder Behörde kommt es danach nicht an. Durch die ausdrückliche Erwähnung der christlich geprägten Tradition des Landes Hessen gab der Gesetzgeber einen Wink mit dem Zaunpfahl: Christliche Symbole wie etwa ein kleines Kreuz im Dekolleté der Lehrerin oder Beamtin sollten danach tunlichst als ungefährlich eingeordnet werden.

Linke, muslimische Verbände und Feministinnen schäumten. Beide Vorschriften würden ein generelles Kopftuchverbot anordnen. Dies verstoße gegen die Glaubensfreiheit. Da islamische Kopftücher nur von Frauen getragen würden, nicht auch von Männern, verstießen beide Vorschriften auch gegen das verfassungsrechtliche Verbot, Frauen zu benachteiligen.

Der HessStGH hat beide Vorschriften für verfassungskonform erklärt – wieder mit knapper 6:5-Mehrheit. Hier ist nicht der rechte Ort, geschlagene Schlachten neu auszutragen. Das Bundesverfassungsgericht hat zur Kopftuchproblematik insbesondere bei Lehrkräften pointiert, wenn auch nicht ganz widerspruchsfrei, Stellung bezogen.[7] Der Beschluss des Bundesverfassungsgerichts vom 14. Januar 2020[8] zur Verfassungsmäßigkeit des § 45 HBG und eines auf § 27 Abs. 1 S. 2 Hessisches Juristenausbildungsgesetz i. V. m. § 45 HBG gestützten Kopftuchverbots für Rechtsreferendarinnen hat die nach wie vor höchst umstrittene Thematik um weitere rechtliche Aspekte bereichert. Zur materiell-rechtlichen Problematik an dieser Stelle nur einige wenige Anmerkungen.

---

7 BVerfGE 108, 282 ff. – Kopftuch I; 138, 296 ff. – Kopftuch II.

8 BVerfGE 153, 1 ff. Kopftuch III.

Der 2. Senat hat in seinem Urteil vom 24. September 2003[9] eine abstrakte Gefahr für ein gesetzliches Kopftuchverbot als ausreichend gehalten – nach großen Teilen der Literatur und nach Auffassung des 1. Senats handelt es sich insoweit aber um ein bloßes obiter dictum. Der 1. Senat hat in seinem Beschluss vom 27. Januar 2015[10] dagegen für ein gesetzliches Kopftuchverbot eine konkrete Gefahr verlangt. Auf die Problematik der Reichweite der Bindungswirkung nach § 31 Abs. 1 BVerfGG dieser sich insoweit widersprechenden Entscheidungen sei nur am Rande hingewiesen. Im Bereich der Justiz, also für Richterinnen, Staatsanwältinnen und Rechtsreferendarinnen lässt der 2. Senat in seinem Beschluss vom 14. Januar 2020 wiederum eine abstrakte Gefahr für die Funktionsfähigkeit der Rechtspflege genügen.

Nicht nachvollziehen konnte und kann ich den Vorwurf, ein Kopftuchverbot verstoße gegen das Verbot der Diskriminierung von Frauen, weil nur Frauen islamische Kopftücher tragen. Wenn vom Tragen eines islamischen Kopftuches eine relevante Gefahr ausgeht, egal ob eine abstrakte oder konkrete, muss eine effektive Gefahrenbekämpfung möglich sein. So käme niemand auf die Idee, die 0,5 Promille-Grenze im Straßenverkehr als männerdiskriminierend zu qualifizieren, weil es sich bei Promille-Delikten im Straßenverkehr ganz überwiegend um von Männern begangene Delikte handele. Die rechtliche Zulässigkeit der Bekämpfung von Gefahren ist keine Frage der Geschlechtergerechtigkeit.

Anlass für die oben erwähnten innergerichtlichen Verwerfungen war aber weniger die materiell-rechtliche Frage der Glaubens- und Religionsfreiheit sowie des Diskriminierungsverbotes, sondern ein ganz profaner prozessualer Aspekt: Das Kopftuchurteil des HessStGH erging in einem abstrakten Normenkontrollverfahren. Antragstellerin war die Landesanwältin. Sie beantragte die Nichtigerklärung der beiden Vorschriften im Wesentlichen deshalb, weil sie das Tragen des islamischen Kopftuches verböten. Dies verstoße gegen die Glaubensfreiheit der betroffenen Frauen und gegen das Diskriminierungsverbot. Über die Frage, ob die angegriffenen Vorschriften das islamische Kopftuch überhaupt erfassen und ein entsprechendes Verbot anordnen dürfen, hat der HessStGH indes nicht entschieden.

Das in der Diskussion stehende islamische Kopftuch wird in den beiden angegriffenen Vorschriften nämlich nicht erwähnt. Die Frage, ob und unter welchen Voraussetzungen ein Kopftuch unter diese Vorschriften fällt, ist deshalb eine Frage der Gesetzesanwendung im Einzelfall. Bei einer abstrakten

9 BVerfGE 108, 282 ff.
10 BVerfGE 138, 296 ff.

Normenkontrolle stellt sich nur die Frage, ob das angegriffene Gesetz als solches verfassungskonform ist. Ob die Vorschriften etwa auch auf eine Kopftuch tragende streng katholische Fuldaer Postbeamtin anwendbar sind oder auf einen aus Berlin stammenden tätowierten Lehrer, der ein Kopftuch nach Piratenart zu Ohrschmuck trägt, kann nicht Gegenstand einer abstrakten Normenkontrolle sein.

Allerdings wies der hier in Rede stehende Fall eine Besonderheit auf. Erklärtes Ziel des Gesetzgebers war ein generelles Kopftuchverbot. Fast nur über diese Frage wurde in den parlamentarischen Anhörungen vor Erlass der Gesetze diskutiert. Zu einer verfassungskonformen Auslegung von Gesetzen sind die Verfassungsgerichte aber auch im Rahmen von abstrakten Normenkontrollen berechtigt und ggf. auch verpflichtet. Ist eine bestimmte Auslegung eines Gesetzes verfassungswidrig, kann das Verfassungsgericht diese Auslegung des Gesetzes für verfassungswidrig erklären.

Ausweislich des Sondervotums der dissentierenden fünf Richter des HessStGH entbrannte innerhalb des Gerichts die Diskussion, ob nun zu prüfen und entscheiden war, ob die beiden angegriffenen Vorschriften generell das Tragen gerade von islamischen Kopftüchern verbieten dürfen. Richtigerweise hätte der HessStGH diese Frage prüfen und entscheiden dürfen.[11] Denn die Vorschriften sind unstreitig auf diese Fallgruppe zugeschnitten. In einem solchen Fall ist eine diesbezügliche verfassungsgerichtliche Prüfung im Rahmen einer abstrakten Normenkontrolle keine unzulässige vorweggenommene Einzelfallprüfung. Auch wenn keine Rechtspflicht eines Verfassungsgerichts besteht, ist es im Rahmen einer abstrakten Normenkontrolle gleichwohl berechtigt, über die Frage der Verfassungsmäßigkeit eines gesetzlichen Verbots im Hinblick auf solche Fallkonstellationen zu entscheiden, die nach der gesetzlichen Entstehungsgeschichte und dem erklärten Willen des Gesetzgebers vom Anwendungsbereich des Gesetzes erfasst sein sollen, nach Auffassung des Antragstellers des Normenkontrollverfahrens aber nicht erfasst sein dürfen. Dies hat der HessStGH allerdings nicht getan. Vielmehr hat er nur ganz allgemein geprüft, ob der Gesetzgeber das Tragen von Kleidungsstücken und Symbolen, die objektiv geeignet sind, das Vertrauen in die Neutralität der Amtsausübung oder den politischen, religiösen oder weltanschaulichen Frieden (in der Schule) zu gefährden, verbieten darf.

Nähere Auskunft darüber, weshalb er die Kopftuchfrage nicht geprüft und entschieden hat, darf ich nicht geben. Dies verbietet das richterliche Beratungsgeheimnis. Jedenfalls hat diese knappe Mehrheitsentscheidung z. T. Empörung bei den überstimmten Kollegen ausgelöst. Dies darf ich hier sagen. Denn die

---

11 Dazu näher *Detterbeck*, in: FS für Bethge, 2009, S. 161 (185 ff.).

Empörung hat ihren sichtbaren Ausdruck in insgesamt drei abweichenden Minderheitenvoten gefunden. So wurde dem HessStGH vorgeworfen, er sei seiner Aufgabe als Landesverfassungsgericht nicht nachgekommen. Soll heißen: Er habe sich vor einer Entscheidung gedrückt.

Mehrfach beschäftigt haben den HessStGH die kommunalen Finanzen. Sämtliche Landesverfassungen, so auch die hessische, verpflichten das jeweilige Land, eine ausreichende und angemessene Finanzausstattung der Kommunen sicherzustellen. Wie das im Einzelnen geschieht, bleibt dem Land überlassen. Das Land Hessen beteiligt die Kommunen u. a. am Steueraufkommen des Landes. Bis zum Jahr 2015 waren etwa 23 % des dem Land Hessen verbleibenden Steueraufkommens für die Verteilung auf die Kommunen vorgesehen. Diese starre Quote wurde nach langwierigen Verhandlungen zwischen Land und Kommunen gesetzlich festgelegt. Die entsprechende Milliardensumme wurde dann nach abstrakten gesetzlichen Kriterien auf die einzelnen Kommunen verteilt.

Selbstverständlich äußerten die Gemeinden nach außen hin immer Unzufriedenheit. Die ausgeschütteten Beträge waren ihnen im Allgemeinen zu gering. Aber man konnte sich ja relativ einfach auf Kosten der nachfolgenden Generationen durch die Aufnahme sog. Kassenkredite, eine Art von Dispokredit, verschulden. Das Land war hingegen stets der Auffassung, die Kommunen seien ausreichend ausgestattet. Eigentlich bekämen sie mehr, als ihnen zustünde. Deshalb wurden durch das Finanzausgleichsänderungsgesetz vom 16. Dezember 2010 die den Kommunen zu gewährenden Mittel um ca. 360 Mio. € gekürzt. Hiergegen erhoben verschiedene Kommunen kommunale Grundrechtsklage – sie entspricht der kommunalen Verfassungsbeschwerde des Art. 93 Abs. 1 Nr. 4b GG – zum HessStGH, weil durch die Mittelkürzung eine angemessene Erfüllung der kommunalen Aufgaben nicht mehr möglich sei.

Wie für viele andere Landesverfassungsgerichte stellte sich für den HessStGH das Problem, wie er genau prüfen kann, ob das Land seiner verfassungsrechtlichen Pflicht, die Kommunen angemessen mit Geld auszustatten, tatsächlich nachkommt. Die Länder verweisen bei derartigen Streitigkeiten in der Regel darauf, das Geld reiche, die Kommunen müssten eben sparsamer haushalten. Der HessStGH hat sich eine genaue Prüfung erspart. Er hat zwar nicht nur die Kürzung als solche, sondern auch andere zentrale Vorschriften des Hessischen Finanzausgleichsgesetzes für verfassungswidrig erklärt.[12] Aber eben nicht deshalb, weil das Land den Kommunen zu wenig Geld zur Verfügung gestellt habe,

12 HessStGH NVwZ 2013, 1151 ff. m. zust. Anm. *Oebbecke*; dazu die Analyse von *Schmitt*, LKRZ 2013, 370 ff.; *Rauber*, HGZ 2013, 415 ff.; *Dieter*, Gemeindehaushalt 2013, 220 ff.

sondern einzig und allein deshalb, weil das Land den kommunalen Finanzbedarf nicht einmal ansatzweise in irgendeiner Form ermittelt hatte. Deshalb wurden den Kommunen möglicherweise Gelder vorenthalten, die ihnen von Verfassungs wegen zustehen. Zugleich wurde das Land Hessen verpflichtet, den kommunalen Finanzbedarf spätestens für das Jahr 2016 nachvollziehbar zu ermitteln, zu begründen und eine verfassungskonforme gesetzliche Neuregelung zu treffen.

Die Opposition im Hessischen Landtag hat diese Entscheidung als juristisches Debakel für die Landesregierung gefeiert. Die Rede war von einem selbstgeschaffenen Scherbenhaufen und einer verfassungsgerichtlichen Quittung für Regierungsarroganz.[13] Hierbei wurde indes geflissentlich übersehen, dass der HessStGH nicht die Mittelhöhe als solche gerügt hatte, sondern nur das Fehlen einer Bedarfsermittlung. So heißt es denn auch in den Urteilsgründen ausdrücklich, eine Finanzbedarfsermittlung könne auch dazu führen, dass den Kommunen noch weniger Mittel zur Verfügung gestellt werden als nach der Kürzung.[14]

Allen Insidern war klar, dass nach einer Ermittlung des kommunalen Finanzbedarfs und einem hierauf beruhenden gesetzlichen Verteilungsmodell der HessStGH erneut angerufen würde. Diese Erwartung wurde nicht enttäuscht. Gegen das neue Finanzausgleichsgesetz vom 23. Juli 2015 erhoben 18 Kommunen kommunale Grundrechtsklage zum HessStGH mit der Begründung, das Gesetz verletze ihr verfassungsrechtliches Recht auf eine angemessene Finanzausstattung.[15] Dieses Gesetz normiert die Grundzüge eines hochkomplexen kommunalen Finanzbedarfsermittlungs- und -verteilungsmodells. Die einzelnen Ermittlungs- und Berechnungsschritte samt Begründung, Erläuterung und Rechenbeispielen finden sich in der Gesetzesbegründung im Umfang von ca. 110 Seiten.[16]

Die meisten hessischen Kommunen bekamen unter dem Strich mehr Geld als vorher; erwartungsgemäß klagten gegen das Gesetz nur solche Gemeinden, die weniger bekamen. Eine nähere Erläuterung der z. T. überaus diffizilen finanztechnischen Sach- und Rechtsfragen würde den Rahmen eines Festvortrages sprengen, die Teilnehmer über Gebühr ermüden und durch das Raster des juristischen Anspruchsniveaus des Jubilars fallen. Deshalb nur einige wenige Bemerkungen.

---

13 F.A.Z. v. 22.05.2013, S. 6.

14 HessStGH NVwZ 2013, 1151 (1155).

15 Dazu HessStGH NVwZ 2019, 1036 ff. m. Anm. *Meyer*; z. T. krit. *Rauber*, HSGZ 2019, 180 ff.

16 LT-Drs. 19/1853.

Sämtliche Klagen bis auf die der Stadt Frankfurt a. M. waren schon unzulässig, weil die Gemeinden nicht hinreichend substantiiert belegten, dass das gesetzliche Modell verfassungswidrig sei oder dass ihre Finanzausstattung unter dem unabdingbaren verfassungsrechtlichen Minimum, dem kommunalen Hartz-IV, liege. Breiten Raum, auch in der medienöffentlichen Darstellung, nahm eine Rüge der Stadt Frankfurt a. M. ein. Sie betrifft den sog. Metropolenzuschlag. Der Gesetzgeber gewährt der Stadt Frankfurt einen finanziellen Zuschlag in Höhe von 10 % auf die Mittelzuweisung, die nach Maßgabe der sonstigen gesetzlichen Kriterien berechnet wurde. Die Gesetzesbegründung verweist insoweit pauschal auf einen finanziellen Mehrbedarf, der aus der Metropolenstellung der Stadt Frankfurt a. M. folge.

Frankfurt bemängelte u. a. eine fehlende substantielle Begründung des Zuschlages und zudem die zu geringe Höhe des Zuschlages. Eigentlich müsse der Zuschlag 50 % betragen, mindestens aber 30 %. Die Metropolenstellung Frankfurts verursache einen überproportionalen Kostenaufwand. Als Beleg wurden u. a. der Frankfurter Flughafen und die großen Durchgangsstraßen genannt. Außerdem erfülle Frankfurt durch verschiedene zentrale Einrichtungen Aufgaben der umliegenden Städte und Gemeinden und trage deshalb Kosten, die eigentlich von diesen zu tragen seien.

In der mündlichen Verhandlung erfolgte der Hinweis, dass für die Finanzierung des Flughafens nicht die Stadt Frankfurt, sondern die Flughafen AG zuständig sei. Auch zum Unterhalt der genannten Durchgangsstraßen sei nicht Frankfurt, sondern das Land Hessen verpflichtet. Hinzu kommt: Die anderen klagenden Städte im Frankfurter Umland beriefen sich darauf, dass Frankfurt ihnen Finanzkraft entziehe, dass also die Frankfurter Metropolenstellung finanziell von Vorteil sei. Ein finanzieller Mehrbedarf gerade aufgrund der Metropolenstellung konnte von Frankfurt nicht dargelegt werden; deshalb konnte der Gesetzgeber auch keine überzeugende Begründung für den 10 %-Zuschlag geben.

Der von Frankfurt erhobene Einwand der fehlenden substantiellen Begründung für den nur 10 %igen Zuschlag erwies sich damit als Bumerang. In der Presse wurde spekuliert, der HessStGH könnte den Zuschlag zum Nachteil Frankfurts ganz kippen. Die Erleichterung war groß, als der HessStGH dem Gesetzgeber einen gewissen nicht näher begründungsbedürftigen finanziellen Einschätzungsspielraum zugestand und den 10%igen Metropolenzuschlag als verfassungsrechtlich vertretbar erachtete.

Die in der jüngeren Vergangenheit zum Nachteil der hessischen Landesregierung und den regierungstragenden Fraktionen gefällten Gerichtsentscheidungen, hierzu gehören auch zwei Entscheidungen zu parlamentarischen Untersuchungsausschüssen, stimmte die ansonsten so kritische Presse auf einmal sehr versöhnlich. So titelte etwa die Oberhessische Presse in ihrer Ausgabe vom 25. Mai 2013: „Die erwachten Wächter des Staatsgerichtshofs". Untertitel: „Die Richter in den blauen Roben beschützen nur noch die Grundrechte."

In diesen Zusammenhang der harmoniestiftenden Entscheidungen gehört auch ein weiteres Urteil zu den kommunalen Finanzen.[17] Wenn das Land Hessen den Kommunen neue Aufgaben überträgt oder bestehende Aufgaben modifiziert, muss es ihnen einen entsprechenden Ausgleich gewähren (Art. 137 Abs. 6 S. 2 HV). Eine hessische Rechtsverordnung erhöhte für Kindertageseinrichtungen die Zahl der Betreuer, ohne für die Gemeinden einen Kostenausgleich vorzusehen. 39 Gemeinden erhoben gegen diese Rechtsverordnung kommunale Grundrechtsklage zum HessStGH.

Gerichtsintern wurde darüber diskutiert, ob diese Rechtsverordnung wegen der fehlenden Ausgleichsregelung verfassungswidrig sei. Einerseits schreibt die Hessische Verfassung nicht vor, dass der Kostenausgleich gerade in der Aufgabenzuweisungsnorm geregelt werden muss. Das sprach dafür, dass die Grundrechtsklage gegen die Rechtsverordnung jedenfalls unbegründet war. Andererseits war die Rechtsverordnung nach Auffassung des HessStGH ausgleichspflichtig. Wäre die Grundrechtsklage gegen die Rechtsverordnung als unbegründet abgewiesen worden, wären die Gemeinden auf die Erhebung einer äußerst problematischen kommunalen Unterlassens-Grundrechtsklage mit höchst ungewissem Ausgang verwiesen worden. Um ein solches kommunales Dilemma zu vermeiden, griff der HessStGH zu folgendem Kunstgriff: Er stellte in den Urteilsgründen zunächst fest, dass die Mehrbelastung der Gemeinden auszugleichen sei. Die Grundrechtsklage wurde aber gleichwohl als unbegründet abgewiesen, weil der Ausgleich nicht in der angegriffenen Rechtsverordnung geregelt werden müsse.

Einem streng dogmatischen Verfassungsprozessrechtler – wie dem Jubilar – stehen möglicherweise die dogmatisch gefärbten Haare zu Berge. Denn auf die Feststellung der Ausgleichspflicht kam es nicht an. Sie war nicht entscheidungstragend. Gleichwohl stellte das Urteil alle zufrieden: Die Hessische Landesregierung, weil die Grundrechtsklage als unbegründet abgewiesen worden war. Die Gemeinden, weil ihr Ausgleichsanspruch höchstrichterlich festgestellt worden war. Und die Richter des HessStGH, weil beiden Positionen Rechnung getragen worden war.

Erheblich getrübt wurde die inner- und außergerichtliche Harmonie durch die Neuwahl von Richtern des HessStGH im Landtag im April 2014. Zum

---

17 HessStGH NVwZ-RR 2012, 625 ff.; zustimmend *Mühlhausen*, in: Wallmann/Mühlhausen/Steingässer (Hrsg.), Denkschrift für Eibelshäuser, 2013, S. 320 ff.

Hintergrund: Der HessStGH besteht aus elf Richtern (Mitgliedern). Fünf sog. richterliche Mitglieder werden von einem Ausschuss des Hessischen Landtages für die Dauer von sieben Jahren gewählt, die anderen sechs Mitglieder (nichtrichterliche Mitglieder) vom Hessischen Landtag jeweils nach Landtagsneuwahlen. Um diese sechs Richter ging es. Für die Wahl kann jede Landtagsfraktion eine Namensliste in den Landtag einbringen, über die dann gleichzeitig im Landtag abgestimmt wird. Je stärker eine Fraktion ist, desto mehr Kandidaten ihrer Liste werden gewählt. Kleine Fraktionen wie die FDP oder „Die Linke" haben keine Chance, mit einer eigenen Liste zu reüssieren. Sie treffen deshalb z. T. Absprachen mit den größeren Fraktionen. Plaziert etwa die große A-Fraktion eine Person, die der kleinen F-Fraktion genehm ist, auf einem aussichtsreichen Listenplatz, verspricht die F-Fraktion, die Liste der A-Fraktion mitzuwählen.

So geschah es auch 2014. Vor der Richterwahl im Hessischen Landtag ergab sich folgendes Bild: Die auf der CDU- und SPD-Liste beiden Erstplazierten konnten sich aufgrund des Stärkeverhältnisses im Landtag ihrer Wahl ziemlich sicher sein, wobei die Fraktion „Die Linke" bislang die SPD-Liste mitwählte, da sie zu schwach für einen eigenen Kandidaten war. Auch die FDP-Fraktion war zu schwach für einen eigenen Kandidaten. Würden die FDP-Abgeordneten die CDU-Liste mitwählen, würde auch die Nr. 3 der CDU-Liste gewählt werden, würden sie dagegen die SPD-Liste mitwählen, würde die Nr. 3 der SPD-Liste gewählt werden. Deshalb plazierte die SPD an die dritte Stelle ihrer Liste nach Absprache mit der FDP eine der FDP genehme Person. Die CDU traf dagegen keine Absprache mit der FDP. So geschah es denn, dass die FDP-Abgeordneten für die SPD-Liste stimmten und die ersten drei Kandidaten der SPD-Liste gewählt wurden. Allerdings sind nach dem einschlägigen Gesetzesrecht nur solche Personen wählbar zum HessStGH, die ihren Wohnsitz in Hessen haben. Bei mehreren Wohnsitzen ist der Hauptwohnsitz maßgeblich. Bei Verheirateten gilt als Hauptwohnsitz die von der Familie vorwiegend benutzte Wohnung (Familienwohnsitz). Die gewählte Nr. 3 der SPD-Liste – ein Marburger Jura-Professor – verfügte zwar über einen Wohnsitz im hessischen Marburg. Der Familienwohnsitz lag aber im bayerischen Erlangen.

Vor allem außerhalb des Gerichts wurde nun heftig diskutiert, ob die starre gesetzliche Regelung, wonach der Familienwohnsitz maßgeblich sei, verfassungskonform dahingehend auszulegen sei, dass der tatsächliche Lebensmittelpunkt ausschlaggebend sei. SPD und FDP vertraten verständlicherweise die zuletzt genannte Auffassung, die CDU verwies auf die eindeutige gesetzliche Regelung. Der HessStGH, der in Zweifelsfällen zu entscheiden hat, wer Mitglied des HessStGH geworden ist, ließ diese Frage offen, da die tatsächlichen

Lebensverhältnisse der Nr. 3 nicht die Annahme rechtfertigten, der tatsächliche Lebensmittelpunkt liege in Marburg.

Darüber, dass die Nr. 3 nicht wählbar war, bestand im Ergebnis weitgehend Einigkeit.[18] Nur über die Folgen dieses Wahlfehlers entbrannte ein äußerst heftiger Streit. Eine naheliegende Lösung bestand darin, dass für die nichtwählbare Nr. 3 einfach die nächstplazierte Nr. 4 der SPD-Liste nachrückt. Die andere Lösung bestand darin, die gesamte Wahl der sechs nichtrichterlichen Mitglieder für ungültig zu erklären und den Landtag nochmals wählen zu lassen. Denn schon vor der Richterwahl im Landtag war bekannt geworden, dass der Familienwohnsitz der Nr. 3 nicht in Hessen lag. Eine Ersetzung der Nr. 3 durch einen anderen Kandidaten war aber aus Fristgründen ausgeschlossen. D. h., man hätte die Nr. 3 vor der Wahl streichen und dann über diese reduzierte Liste im Landtag abstimmen müssen. In diesem Fall wäre die gesamte Wahl aber u. U. anders verlaufen. Damit hatte die fehlerhafte SPD-Liste die gesamte Richterwahl im Landtag gewissermaßen infiziert.

Diese Auffassung setzte sich im HessStGH mit der knappsten aller Mehrheiten durch. An der Endentscheidung des HessStGH haben lediglich die fünf richterlichen Mitglieder mitgewirkt – davon haben zwei Mitglieder ihre abweichende Auffassung publiziert.[19] Die sechs richterlichen Mitglieder wurden vorher durch Beschluss – ohne Mitwirkung der Nr. 3 und unter präsidialem Stichentscheid – von der weiteren Mitwirkung ausgeschlossen.[20]

Nicht nur Teile der Presse schäumten. Die „Süddeutsche Zeitung“ schrieb in ihrer Ausgabe vom 08.09.2014 von einem „Putsch-Beschluss“. Die Aufregung legte sich allerdings, nachdem die FDP-Abgeordneten bei der folgenden Wahlwiederholung auch für die dezimierte SPD-Liste stimmten und so im Ergebnis die Nr. 4 dieser Liste in den StGH einrückte.

Fazit: Ein auf der Hand liegender, im Vorfeld leicht vermeidbarer Wahlfehler mit schwierigen rechtlichen Anschlussfragen am Rande einer Verfassungskrise, die sich rasch wieder auflöste. Nur ein Randaspekt: Die oben genannte Nr. 3 nahm ca. ein Jahr später einen Ruf an die heimatliche Universität ihres Familienwohnsitzes in Erlangen an und fand auch so ihr Glück.

---

18 Vgl. StGH NVwZ 2015, 55 Rn. 349: Auch die dissentierenden Richter verneinen die Wählbarkeit der Nr. 3.

19 HessStGH NVwZ 2015, 55 ff., abw. Auffassung *Gasper, Kraemer*; zust. *v. Weschpfennig*, LKRZ 2014, 447; *Mühlhausen*, NVwZ 2016, 825 ff.; abl. *Bull*, DVBl. 2014, 1594 ff.

20 Dazu HessStGH NVwZ 2015, 55 Rn. 22, 93 ff.

Schwierige dogmatische Fragen stellten sich auch im letzten Fall, der hier kurz skizziert werden soll. Die Lufthansa arbeitete, auch um Kosten zu sparen, ein Konzept zum Konzernumbau aus. Dagegen wandte sich die Gewerkschaft „Cockpit" und rief u. a. in Frankfurt a. M. das Cockpitpersonal der Lufthansa zu Streiks auf. Das LAG verbot den Streik, weil sich das gewerkschaftliche Streikrecht nur auf Streikziele erstrecke, die Gegenstand eines Tarifvertrages sein könnten. Der geplante Streik von Cockpit richte sich gegen eine Unternehmensumstrukturierung. Fragen der Unternehmensstruktur könnten aber nicht in Tarifverträgen geregelt werden. Die Gewerkschaft „Cockpit" legte gegen die landesarbeitsgerichtliche Entscheidung Verfassungsbeschwerde zum Bundesverfassungsgericht ein und rügte eine Verletzung ihres aus Art. 9 Abs. 3 GG folgenden Streikrechts. Zugleich erhob sie Grundrechtsklage zum HessStGH und rügte eine Verletzung ihres Streikrechts aus Art. 29 Abs. 4 HV. Begründung: Art. 9 Abs. 3 GG und Art. 29 Abs. 4 HV schützten auch solche Streiks, die Ziele verfolgten, die nicht in einem Tarifvertrag geregelt werden könnten.

Für die hessische Grundrechtsklage besteht nun folgende Besonderheit: Sie ist nach § 43 Abs. 1 S. 2 Gesetz über den Staatsgerichtshof (StGHG) unzulässig, wenn in derselben Sache Verfassungsbeschwerde zum Bundesverfassungsgericht erhoben wurde. Dies gilt nach § 43 Abs. 1 S. 3 StGHG nicht, soweit das einschlägige hessische Grundrecht mehr Schutz gewährt als das vergleichbare grundgesetzliche Grundrecht.

Für den HessStGH stellte sich deshalb u. a. die Frage, ob er nun prüfen müsse, wie weit das Streikrecht des Art. 9 Abs. 3 GG reicht und wie weit das Streikrecht des Art. 29 Abs. 4 HV. Im Falle eines Gleichlaufs wäre die Grundrechtsklage zum HessStGH unzulässig. Folgende Schwierigkeit kam hinzu: Einschlägige Rechtsprechung des Bundesverfassungsgerichts zu einer Beschränkung des aus Art. 9 Abs. 3 S. 1 GG abgeleiteten Streikrechts auf die Verfolgung von Streikzielen, die tarifvertraglich regelbar sind, gibt es nicht. Auch eine diesbezügliche gesetzliche Regelung existiert nicht. Die im übrigen umstrittene Beschränkung des grundrechtlichen Streikrechts beruht vielmehr auf der Rechtsprechung des Bundesarbeitsgerichts. Auch einschlägige Rechtsprechung des HessStGH zur Reichweite des in Art. 29 Abs. 4 HV verbürgten Streikrechts existiert insoweit nicht.

Der HessStGH hat keine genaue Bestimmung der Reichweite der Art. 9 Abs. 3 S. 1 GG, Art. 29 Abs. 4 HV vorgenommen. Vielmehr hat er argumentiert, wenn Art. 29 Abs. 4 HV tatsächlich mehr Schutz gewähre als Art. 9 Abs. 3 S. 1 GG, nur dann könnte die Grundrechtsklage zum HessStGH überhaupt zulässig sein, dürfe Art. 29 Abs. 4 HV im vorliegenden Fall nicht angewendet werden, weil dann seine Anwendung stärker in die Grundrechte der Lufthansa aus Art. 12 Abs. 1 GG und ggf. aus Art. 14 Abs. 1 GG eingreife, als dies bei einer Anwendung des Art. 9 Abs. 3 S. 1 GG der Fall sei. Dem stehe aber Art. 31 GG entgegen.[21] Das kann man mit dem Minderheitenvotum der drei überstimmten Richter auch anders sehen.[22]

Bemerkenswert ist ein Argument des Prozessvertreters der Cockpit-Gewerkschaft in der mündlichen Verhandlung vor dem HessStGH. Er trug vor, Art. 29 Abs. 4 HV müsse schon deshalb weit und gewerkschaftsfreundlich ausgelegt werden, weil die Hessische Verfassung von ihrer Entstehungsgeschichte her eine linke Verfassung sei. Dem entgegnete ich als Berichterstatter, wenn so ein Kandidat im Examen argumentieren würde, gäbe es mindestens einen Punkt Abzug.

Nachtrag: Die wohl wirkmächtigste Entscheidung in der Geschichte des HessStGH dürfte sein Urteil vom 27.10.2021 sein, mit dem er das Gesetz über das Hessische Corona-Sondervermögen für verfassungswidrig erklärte.[23] Durch dieses Gesetz wurde außerhalb des Landeskernhaushalts ein kreditfinanziertes Sondervermögen in einer Höhe von bis zu 12 Milliarden Euro zur Bekämpfung der Folgen der Corona-Pandemie etabliert. Der HessStGH entschied, dass zwar auch die in der Hessischen Verfassung verankerte Schuldenbremse eine schuldenfinanzierte Bekämpfung außergewöhnlicher Notlagen durch die Einrichtung kreditfinanzierter Sondervermögen nicht von vornherein ausschließe. Allerdings unterlägen sowohl die Schuldenaufnahme als auch die Einrichtung eines entsprechenden Sondervermögens strengen verfassungsrechtlichen Voraussetzungen. So müsse ein Sondervermögen eine effektivere Zweckverfolgung ermöglichen als der Einsatz kreditfinanzierter regulärer Haushaltsmittel. Vor allem aber müssten sowohl die Kreditaufnahme als solche als auch die durch die Kreditaufnahme finanzierten Einzelmaßnahmen final auf die Bekämpfung gerade der Folgen der außergewöhnlichen Notsituation gerichtet sein. Andere Zwecke dürften nicht verfolgt werden. Um sicherzustellen, dass auch die Mittelverwendung ausschließlich der Bekämpfung gerade derjenigen Krise diene, die Anlass für die Einrichtung des Sondervermögens war, müsse der Gesetzgeber die Zwecke, für die kreditfinanzierte Mittel eingesetzt werden, hinreichend bestimmt festlegen.

---

21 HessStGH NVwZ 2017, 1136 ff. m. abw. Auffassung *Gasper, Giani, Sacksofsky*.

22 Z. B. *Kaiser/Lindner*, DVBl. 2017, 1329 ff.; *Kaiser*, KritV 2018, 171 ff.; *Bücker*, ArbuR 2017, 328 ff.; zustimmend dagegen *Huber*, in: Sachs, GG, 9. Aufl. 2019, Art. 142 Rn. 13a Fn. 31; im Ergebnis auch *Donath*, KritV 2017, 309 (320 ff.), aber mit z. T. unzutreffender Argumentation.

23 HessStGH NVwZ 2022, 147 ff.

Das Urteil des HessStGH stieß in der rezensierenden Fachöffentlichkeit auf ungeteilte Zustimmung. Unter anderem wurde es als „Meilenstein in der verfassungsrechtlichen Einhegung expansiver Budgetpolitik“[24] und „als großer Wurf zur Konkretisierung des Notlagen-Staatsschuldenrechts“[25] gerühmt. Dem HessStGH komme „das Verdienst zu, als erstes Verfassungsgericht eine grundlegende, künftig als Richtschnur dienende Interpretation der in Art. 109 Abs. 3 S. 2, 2. Alt. GG verankerten, in Art. 115 Abs. 2 S. 6–8 GG sowie den landesverfassungsrechtlichen Parallelnormen näher ausgeformten Schuldenbremse-Ausnahmeregelungen für außergewöhnliche Notsituationen … vorgenommen zu haben.“[26] Schließlich wurde dem HessStGH „eine geradezu lehrbuchartige Entfaltung der mit Nebenhaushalten und Sondervermögen zusammenhängenden verfassungsrechtlichen Probleme“ bescheinigt.[27] Damit wird dem HessStGH nicht nur eine rechtssichernde, sondern auch eine edukatorische Funktion zuerkannt. Dass sie zumindest teilweise auch bis in den Karlsruher Juristischen Olymp reicht,[28] belegt das bundesverfassungsgerichtliche Grundsatzurteil zur grundgesetzlichen Schuldenbremse vom 15. November 2023.[29]

---

24 *K.-A. Schwarz*, NJW – aktuell 47/2021, 15.

25 *Gröpl*, ZG 2022, 157.

26 *Henneke*, DVBl. 2022, 195.

27 *Waldhoff*, JuS 2022, 379.

28 *Gröpl*, ZG 2022, 157 empfiehlt dem BVerfG, „die Erkenntnisse des Staatsgerichtshofs auf die Schuldenregel des Bundes aus Art. 115 Abs. 2 GG zu übertragen.“

29 BVerfG, 15.11.2023 – 2 BvF 1/ 22.

Michael Sachs†

Die Elfes-Konstruktion

I. Einleitung

Das Elfes-Urteil aus dem Jahre 1957 hat *Herbert Bethge* fünfzig Jahre später als „eine der bahnbrechenden und folgenreichsten Entscheidungen" des Bundesverfassungsgerichts bezeichnet.[1] Dabei nennt er als zentrales Element neben der „Lückenlosigkeit des materiellen Grundrechtsschutzes" „die Möglichkeit einer verfassungsprozessualen Integrierung objektiven Verfassungsrechts im Interesse des subjektiven Individualrechtsschutzes",[2] die „von materiellrechtlicher wie verfahrensrechtlicher Sprengkraft" sei.[3] Weiter wörtlich: „Die für den demokratischen Rechtsstaat wichtige Unterscheidung zwischen Grundrechten und Organisationsrecht scheint aufgehoben. Subjektives und objektives Verfassungsrecht sehen sich über einen prozessualen Kunstgriff in Deckung gebracht."[4]

Hier[5] wie an anderer Stelle[6] wird eine auch früh artikulierte[7] Reserve des Jubilars gegenüber der erkennbar auch deswegen so bezeichneten „Elfes-

---

1 *Herbert Bethge,* Die Grenzen grundrechtlicher Subjektivierung objektiven Verfassungsrechts, in: FS für Isensee, 2007, S. 613 (614).
Damit befindet sich der Jubilar in Übereinstimmung mit vielen anderen Stimmen, vgl. etwa *Fiedler,* in: Menzel/Müller-Terpitz (Hrsg.), Verfassungsrechtsprechung, 3. Aufl. 2017, S. 82 ff.; auch *Bender,* Die Befugnis des Bundesverfassungsgerichts zur Prüfung gerichtlicher Entscheidungen, 1991, S. 39 und ff.

2 *Herbert Bethge* (Fn. 1), S. 614 f.

3 *Herbert Bethge* (Fn. 1), S. 616.

4 *Herbert Bethge* (Fn. 1), S. 617.

5 Als „kritisch" gegenüber dem Elfes-Urteil wird der Beitrag etwa gewürdigt bei *Farahat,* in: von Bogdandy/Grabenwarter/Huber (Hrsg.), Handbuch IuS Publicum Europaeum, Bd. VI, 2016, § 97 Rn. 62 Fn. 315.

6 Sehr deutlich spricht *Herbert Bethge* etwa in seiner Habilitationsschrift, Zur Problematik von Grundrechtskollisionen,1977, S. 381, von „der schon verfassungsprozessual alles andere als stimmigen und bedenkenfreien ‚Elfes-Konstruktion'"; *ders.,* Grundrechtsträgerschaft juristischer Personen, AöR 104 (1979), 265 (297): „Auf diese Weise ist Art. 2 Abs. 1 GG über das verfahrensrechtliche Vehikel der Verfassungsbeschwerde zum Superrechtsbehelf auf Verfassungsmäßigkeit der Gesetzgebung wie überhaupt auf Verfassungsmäßigkeit jedweden Staatshandelns avanciert, der nicht nur wegen der Gefahr der ‚Prozessualisierung der Verfassung' (Lerche) Probleme birgt."

7 Schon in seiner ersten einschlägigen Stellungnahme noch als Wiss. Assistent in Köln rügte *Herbert Bethge,* Der Umfang des Prüfungsmaßstabs des Bundesverfassungsgerichts

Konstruktion"[8] spürbar. *Wernsmann*[9] und ich[10] haben demgegenüber schon in unseren Beiträgen zur Festschrift zum 70. Geburtstag des Jubilars skeptisch Stellung genommen; ihn hat das allerdings nicht nachhaltig beeindruckt. Wie im Jahre 2007 weist seine Kommentierung des § 90 BVerfGG auch in der Überarbeitung von 2018 in dem vorangestellten Sachverzeichnis für die „Elfes-Konstruktion" neun Stellen aus;[11] dies belegt die ungebrochene „Faszination"[12] der Fragestellung für den Jubilar. Das rechtfertigt es, das Thema heute erneut aufzugreifen.

Dabei sollen die verfassungsprozessuale Seite der Fragestellung, und die materielle, also die Bedeutung für die Grundrechtsdogmatik, getrennt behandelt werden; beiden Bereichen ist der Jubilar ja in besonderer Weise verbunden.[13]

---

im Verfahren der kommunalen Verfassungsbeschwerde, DÖV 1972, 155 (156 f.) zumal mit Blick auf das „trotz enumerativ angeführter rügefähiger Grundrechtsvorschriften ... Gesetze auch an organisationsstatutarischem, insbesondere kompetentiellem und föderativem Verfassungsrecht" messenden Elfes-Urteil den „bedenkliche[n] Trend zur Ausweitung prozessualer Prüfungskompetenzen."

8 Der Jubilar verwendet den Begriff (weniger kritisch) auch in seinem Bericht zum Beratungsgegenstand „Der Grundrechtseingriff" auf der Staatsrechtslehrertagung in Osnabrück: *Herbert Bethge,* VVDStRL Heft 57 (1998), 7 (25) (Zwischenüberschrift: „Die Ambivalenz der ‚Elfes-Konstruktion'"). Diese Bezeichnung findet sich als Aufsatztitel bei *Kube,* JuS 2003, 111; ferner etwa bei *Barczak,* in: *ders.* (Hrsg.), BVerfGG, 2018, § 67 Rn. 31; *Frotz,* Die Reichweite des grundrechtlichen Abwehranspruchs, 2006, S. 27 und ff.; *Lepsius,* in: Jestaedt u. a., Das entgrenzte Gericht, 2011, S. 159 (185); *Russel Varga,* Strukturanalyse der „Elfes-Konstruktion", 2018; *Kube,* JuS 2003, 461; *Lenz,* RW 2016, 149 (167); s. auch u. Fn. 60.

9 In: FS für Bethge, 2009, S. 601 ff.

10 In: FS für Bethge, 2009, S. 251 (260 f.).

11 *Herbert Bethge,* in: Schmidt-Bleibtreu/Klein/Bethge, BVerfGG, Stand: 57. Ergänzungslieferung (Juni 2019), § 90 (Februar 2018) S. 30; genannt sind die Rn. 13, 51, 61, 71, 105, 106, 109, 224, 344; außerdem sind die Rn. 81a und 360 zu erwähnen, die die Verletzung der Grundrechte Dritter nicht in die „Konstruktion" einbeziehen wollen. Für 2007 s. die aussortierte Nachlieferung 26. Abweichend spricht der Jubilar von „Elfes-Konzeption" ebda, § 91 (Dezember 2014) Rn. 64.

12 *Bethge* (Fn. 8), S. 25.

13 Vgl. zur (allgemeinen) Grundrechtsdogmatik namentlich seine Habilitationsschrift (Fn. 6), ferner etwa *ders.* (Fn. 6), AöR 104 (1979), 265 ff.; *ders.*, Grundrechtsverwirklichung und Grundrechtssicherung durch Organisation und Verfahren, NJW 1982, 1 ff.; *ders.*, Grundpflichten als verfassungsrechtliche Dimension, NJW 1982, 2145 ff.; *ders.* Die Grundrechtsberechtigung juristischer Personen nach Art. 19 Abs. 3 Grundgesetz, 1985; *ders.*, Aktuelle Probleme der Grundrechtsdogmatik, Der Staat 24 (1985), 351 ff.; *ders.*, Die Grundrechte unter dem Grundgesetz für die Bundesrepublik Deutschland, EuGRZ 1990, 53 ff.; *ders.* (Fn. 8), S. 7 ff.; *ders.* (Fn. 1), S. 613 ff.; *ders.* in: Merten/Papier

II. Die grundrechtsdogmatische Bedeutung der Elfes-Konstruktion

Grundrechtsdogmatisch ist nach der „Elfes-Konstruktion" eine Grundrechtsbeeinträchtigung nur dann zu rechtfertigen, wenn das Gesetz, durch das und auf Grund dessen sie erfolgt, in jeder Hinsicht formell und materiell verfassungsgemäß ist; nur dann macht es einen Teil der „verfassungsmäßigen Ordnung" im Sinne des Art. 2 Abs. 1 GG aus, der die allgemeine Verhaltensfreiheit durch den Hinweis auf diese Ordnung begrenzt,[14] die wiederum durch ihre einzelnen Bestandteile die Verhaltensfreiheit beschränkt.[15] Dies erscheint jedenfalls im Rückblick, ungeachtet aller „Faszination", vor allem auch als eine vom Jubilar selbst so bezeichnete „Banalität".[16] Mit einer solchen „nahezu inhaltlosen

(Hrsg.), HGR, Bd. III, 2009, § 58 Mittelbare Grundrechtsbeeinträchtigungen, und § 72 Grundrechtskollisionen; *ders.*, in: Isensee/Kirchhof (Hrsg.), HStR, Bd. IX, 3. Aufl. 2011, § 203 Grundrechtswahrnehmung, Grundrechtsverzicht, Grundrechtsverwirkung; zum Verfassungsprozessrecht soll der Hinweis auf seinen Kommentar (Fn. 11) genügen.

14 Insoweit hat die Formulierung die Bedeutung eines (nicht durch Sonderanforderungen qualifizierten) Gesetzesvorbehalts; vgl. nur *Murswiek/Rixen*, in: Sachs (Hrsg.), GG, 8. Aufl. 2018, Art. 2 Rn. 90; *Höfling*, in: Friauf/Höfling (Hrsg.), Berliner Kommentar zum GG, Stand Dezember 2019, Art. 2 (2000) Rn. 69; *Jarass*, in Jarass/Pieroth, GG, 15. Aufl. 2018, Art. 2 Rn. 13, 16; auch *Starck*, in: von Mangoldt/Klein/Starck, GG, Bd. 1, 7. Aufl. 2018, Art. 2 Rn. 25; (nur) terminologisch abweichend für einen „Rechtsvorbehalt" *Kunig*, in: von Münch/Kunig (Hrsg.), GG, Bd. 1, 6. Aufl. 2012, Art. 2 Rn. 23; *Dreier*, in: *ders.* (Hrsg.), GG, Bd. I, 3. Aufl. 2013, Art. 2 I Rn. 53; *Kahl*, in: Merten/Papier (Hrsg.), HGR, Bd. V, 2013, § 124 Rn. 79; wohl auch *Stern*, Das Staatsrecht der Bundesrepublik Deutschland, Bd. IV/1, 2006, S. 950 ff.; demgegenüber vielleicht „entbehrlich" (*Dreier*, a.a.O., Fn. 242), aber treffend wie hier *Di Fabio*, in: Dürig/Herzog/Scholz, GG, Stand: 88. Lieferung (August 2019), Art. 2 Abs. 1 (Juli 2001) Rn. 38; *Cornils*, in: Isensee/Kirchhof (Hrsg.), HStR, Bd. VII, 3. Aufl. 2009, § 168 Rn. 85.

15 Nämlich die zur verfassungsmäßigen Ordnung zählenden freiheitsbeschränkenden Normen. Zur terminologischen Unterscheidung von Grundrechtsbegrenzungen und Grundrechtsein- bzw. -beschränkungen *Sachs*, in: Stern, Das Staatsrecht der Bundesrepublik Deutschland, Bd. III/2, 1994, S. 225 ff.; *Sachs*, in: *ders.* (Hrsg.), GG, 8. Aufl. 2018, vor Art. 1 Rn. 96.

16 So ebenfalls im Staatsrechtslehrervortrag (Fn. 8), S. 25, wo *Herbert Bethge* beides „in der prozessualen Umsetzung der materiellen Erkenntnis, daß nur ein kompetenzgemäßes Gesetz einen grundrechtsgemäßen Eingriff vermitteln kann", sehen will, wobei die Banalität wohl eher die Erkenntnis der materiellen Rechtslage, das Faszinosum die prozessuale Umsetzung betrifft. *Bethge* beruft sich für seine Äußerung auf *Heintzen*,

Banalität" hatte schon *Richard Thoma* 1948 das Grundgesetz „nicht belasten und bagatellisieren" wollen.[17]

Diese „Banalität" hat indes eine lange verfassungsgeschichtliche Tradition, die nicht immer allen bewusst ist: Schon § 21 der württembergischen Verfassungsurkunde von 1819[18] sprach in seinem zweiten Halbsatz aus: „[die Württemberger] haben [...] gleichen verfassungsmäßigen Gehorsam zu leisten". Das wurde dahin verstanden, dass sie „**nur** verfassungsmäßigen Gehorsam" schuldeten.[19] Damit war „nicht nur der Ungehorsam gegen Verfügungen, welche dem Grundgesetze selbst widersprechen, sondern auch der Ungehorsam gegen Gesetze, welche nicht verfassungsmäßig erlassen[, ...] als erlaubt anerkannt."[20]

Richard Thoma selbst schloss sich für das Grundgesetz trotz seiner Kritik an der im Parlamentarischen Rat für Art. 2 Abs. 1 GG vorgeschlagenen Textfassung recht eng an diesen Gedanken an und schlug seinerseits die Formulierung vor: „In die Freiheit und die Rechte des Einzelnen [...] darf nur durch verfassungsmäßige Gesetze oder aufgrund ermächtigender Rechtssätze eingegriffen werden."[21]

NJW 1990, 1448, der allerdings die (Grund-)Rechtswidrigkeit schlichten Hoheitshandelns (aufgrund Kompetenzmangels) annimmt.

17 *Thoma,* Kritische Würdigung des vom Grundsatzausschuß des Parlamentarischen Rates beschlossenen und veröffentlichten Grundrechtskatalogs, 25. Oktober 1948, in: Pikart/Werner, Der Parlamentarische Rat 1948–1949, Akten und Protokolle, Bd. 5/I Ausschuß für Grundsatzfragen, 1993, Nr. 18, S. 361 (363 unten), gegenüber dem ersten Vorschlag des Grundsatzausschusses des Parlamentarischen Rates: Der Mensch „darf tun und lassen, was die Rechte anderer nicht verletzt oder die verfassungsmäßige Ordnung des Gemeinwesens nicht beeinträchtigt." (nach JöR n. F. 1 [1951], S. 55). Zu ähnlicher Kritik s. Verfassungsausschuss der Ministerpräsidenten-Konferenz der westlichen Besatzungszonen, Bericht über den Verfassungskonvent auf Herrenchiemsee vom 10. bis 23. August 1948, in seinem Darstellenden Teil (S. 21) gegenüber der in Art. 2 Abs. 2 HChE vorgeschlagenen Formulierung („Jedermann hat die Freiheit, innerhalb der Schranken der Rechtsordnung und der guten Sitten alles zu tun, was anderen nicht schadet."): „Man gehe daher mit der Formulierung hinter das Selbstverständliche zurück." Dabei wurde allerdings zugleich angenommen, innerhalb der Rechtsordnung bestehe „ohnedies" die Freiheit „beliebig zu handeln, auch wenn man anderen dadurch schade."

18 Verfassungs-Urkunde für das Königreich Württemberg v. 15. September 1819, Königlich-Württembergisches Staats- und Regierungsblatt vom Jahre 1819, o. J., S. 634.

19 *von Sarwey,* Das Staatsrecht des Königreichs Württemberg, 1. Bd., 1883, S. 180.

20 *von Sarwey* (Fn. 19), S. 180, der anschließend darauf verweist, dass die Verweigerung des Gehorsams auf eigene Gefahr erfolge.

21 *Thoma* (Fn. 17), S. 364, zu Artikel 2 zu a) am Ende.

Im Parlamentarischen Rat sind ungeachtet der Kritik *Thomas* die Worte „der verfassungsmäßigen Ordnung“ in allen behandelten Versionen der Garantie unverändert erhalten geblieben.[22] Maßgeblich an der Formulierung auch des Art. 2 Abs. 1 GG beteiligt war dort *von Mangoldt*; er führt in seinem 1953 erschienenen Kommentar aus: „Unter ‚verfassungsmäßige Ordnung‘ fällt auch jedes ordnungsgemäß, d.h. nach den Vorschriften der Verfassung ergangene Gesetz.“[23] *Klein* hat dann in der 2. Aufl. des von Mangoldt/Klein von 1957 allerdings angenommen, es gehöre „zur heute allgemein gesicherten Erkenntnis“, dass dieses Verständnis der verfassungsmäßigen Ordnung unzutreffend sei; er stimmte ihm aber doch für den Fall zu, dass man in Art. 2 Abs. 1 GG die allgemeine Handlungsfreiheit garantiert sehe.[24] In diesem Sinne hat das Elfes-Urteil die Formulierung für die Zukunft maßgeblich ausgelegt: Wenn man die freie Entfaltung der Persönlichkeit als allgemeine Handlungsfreiheit auffasst,[25] „so kann unter diesem Begriff nur die allgemeine Rechtsordnung verstanden werden, die die materiellen und formellen Normen der Verfassung zu beachten hat, also eine verfassungsmäßige Rechtsordnung sein muß.“ Oder kurz: „[D]er Bürger wird in seiner allgemeinen Handlungsfreiheit legitim eingeschränkt [...] durch jede formell und materiell verfassungsmäßige Rechtsnorm.“[26]

---

22 JöR n. F. 1 (1951), S. 54–62.

23 *von Mangoldt*, Das Bonner Grundgesetz, 1953, Art. 2 Anm. 2, S. 47.

24 *von Mangoldt/Klein*, Das Bonner Grundgesetz, Bd. I, 1957, Art. 2 Anm. IV 2a.

25 Bei dieser Auslegung wird durchweg, auch im Elfes-Urteil, vernachlässigt, dass in der schon im Mai 1947 verabschiedeten und verkündeten Verfassung für Rheinland-Pfalz in Art. 1 Abs. 1 S. 2 in einer offenkundig für den Text des Grundgesetzes vorbildlichen Formulierung dem Menschen „ein natürliches Recht auf [...] die freie Entfaltung seiner Persönlichkeit innerhalb der durch das natürliche Sittengesetz gegebenen Schranken“ zugesprochen wurde, während Art. 2 die Handlungsfreiheit mit den Worten garantierte: „Niemand kann zu einer Handlung, Unterlassung oder Duldung gezwungen werden, zu der ihn nicht das Gesetz verpflichtet.“ Dieses Nebeneinander beider Garantien hätte die Frage zumindest aufwerfen sollen, ob sie wirklich denselben Schutzgegenstand ansprechen. Dahin ist allerdings in der Tat wohl die frühe Kommentierung von *Süsterhenn/Schäfer*, Kommentar der Verfassung für Rheinland-Pfalz, 1950, Art. 1 Anm. 2 a, Art. 2 Anm. 2, zu verstehen, die beide Bestimmungen auf die „Freiheit“ beziehen, wobei Art. 2 mit der Gesetzmäßigkeit der Verwaltung „einen zusätzlichen, formellen Schutz der in Art. 1 I normierten Freiheit des Menschen“ darstellen soll.

26 Für beide Formulierungen BVerfGE 6, 32 (37 f.). Als Variante für den Fall, dass „man in Art. 2 Abs. 1 GG [...] eine umfassende Gewährleistung der Handlungsfreiheit erblickt,“ was dort offen blieb, hatte schon BVerfGE 4, 7 (16) die Möglichkeit angesprochen, dass man dann „zur verfassungsmäßigen Ordnung, die die Handlungsfreiheit einschränkt, alle formell und materiell verfassungsmäßigen Rechtsnormen rechnet.“ Insoweit hatte

Trotz dieser scheinbar glasklaren Formulierung ergeben sich eine Reihe von bis heute virulenten Fragen, insbesondere: Was gehört zu dieser Rechtsordnung? Was genau bedeutet verfassungsmäßig? Schließlich: Ist dieser Ansatz nicht über Art. 2 Abs. 1 GG hinaus anwendbar?

1. Was gehört zur „Rechtsordnung“?

Zur gemeinten Rechtsordnung gehören als deren Bestandteile nur Rechtsnormen, nicht hingegen andere Staatsakte wie Urteile, Verwaltungsakte oder gar schlichtes Verwaltungshandeln.[27] Diese müssen nur, aber immerhin mit der „verfassungsmäßigen Ordnung kompatibel“, von ihr „gedeckt“ sein, um eine Grundrechtsverletzung zu vermeiden.[28] Diese Konsequenz klingt schon im Elfes-Urteil selbst vorsichtig an.[29] Gleichwohl hat der Jubilar[30] aus einer späteren, vereinzelt gebliebenen Entscheidung des Bundesverfassungsgerichts[31] die Aussage übernommen: „Rechtswidrigkeit und Verfassungswidrigkeit einer Maßnahme fallen nicht notwendigerweise zusammen.“ Ob das für das materielle Recht Bestand haben kann, ist wegen der verfassungsrechtlichen Bindung von Rechtsprechung und Verwaltung an Gesetz und Recht, Art. 20 Abs. 3 GG, fraglich;[32] denn mit

---

dieses Urteil für den Ausschluss der Grundrechtsverletzung den „Nachweis“ genügen lassen, „daß das Investitionshilfegesetz mit den sonstigen Bestimmungen des Grundgesetzes im Einklang steht.“

27 Zu diesem *Heintzen*, NJW 1990, 1448, auf den *Bethge* (Fn. 8), S. 25 mit Fn. 115, im hiesigen Kontext verweist.

28 *Herbert Bethge* (Fn. 1), S. 616; sehr explizit auch *Schlaich/Korioth*, Das Bundesverfassungsgericht, 11. Aufl. 2018, Rn. 284 m.w.N., wonach *„der rechtswidrige Eingriff auch grundrechtswidrig“* ist (Hervorhebung im Original).

29 BVerfGE 6, 32 (41), wenn es dort heißt, dass dem Bürger ein Bereich menschlicher Freiheit zugesprochen wird, „der der Einwirkung der gesamten öffentlichen Gewalt entzogen ist.“

30 *Herbert Bethge* (Fn. 1), S. 629.

31 BVerfGE 35, 311 (316), so, soweit auch nach juris-Suche ersichtlich, in der Judikatur nicht nur des BVerfG singulär geblieben. *Krebs*, in: FS für Menger, 1985, S. 191 (203), will kaum überzeugend zwischen gesetzlosem Verwaltungshandeln als Grundrechtsverletzungen und sonst gesetzwidrigem Verwaltungshandeln als nicht grundrechtsrelevant unterscheiden; wohl auch *Lorenz*, in: Bonner Kommentar zum GG, Stand: November 2019, Art. 2 Abs. 1 (2008) Rn. 118.

32 In diesem Sinne etwa *Bender* (Fn. 1), S. 42 ff. („Grundrechtsgarantie der Gesetzmäßigkeit“); *Kenntner*, DÖV 2005, 269 (271); *Löwer*, in: Isensee/Kirchhof (Hrsg.), HStR, Bd. III, 3. Aufl. 2005, § 70 Rn. 191; *Farahat* (Fn. 5), § 97 Rn. 62 zu Fn. 313.

jedem rechtswidrigen Verhalten der Gerichte und Behörden wird zugleich gegen diese verfassungsrechtliche Bindung verstoßen.[33]

Davon unabhängig besteht die für Art. 2 Abs. 1 GG relevante „Rechtsordnung" jedenfalls nur aus Rechtsnormen.[34] Dabei hat das Elfes-Urteil ausdrücklich „*jede* […] Rechtsnorm", vorbehaltlich nur ihrer Verfassungsmäßigkeit, eingeschlossen.[35] Damit ist nicht etwa nur das formelle, zumal parlamentsbeschlossene[36] Gesetz erfasst,[37] vielmehr sind auch untergesetzliche Rechtsnormen, insbesondere Verordnungen und Satzungen, Teile der „Rechtsordnung".[38] Diese ist zudem durch den Bundesstaat, die Einfügung in die Europäische Union und die Völkerrechtsfreundlichkeit des Grundgesetzes geprägt. Zur „Rechtsordnung" im Sinne des Art. 2 Abs. 1 GG gehören daher Bundes- wie Landesrecht, auch Landesverfassungsrecht,[39] ferner über Art. 23 GG (wie schon Art. 24 GG a. F.) in Deutschland unmittelbar geltende Normen der Europäischen Union,[40]

33 Auch *Herbert Bethge* (Fn. 1), S. 628, räumt ein, dass es „allemal möglich" sei, „jede falsche Anwendung einfachen Rechts als Verstoß gegen die verfassungsmäßige Ordnung im Sinne des Art. 2 Abs. 1 GG […] zu konstruieren." Eine ganz andere Frage ist es, ob jeder rechtswidrige Verwaltungsakt auch subjektive Rechte (oder gar Grundrechte) von ihm in ihren Interessen betroffener Nichtadressaten verletzt. dagegen etwa *Krebs* (Fn. 31), S. 203 f.

34 Daher zutreffend gegen die Ursächlichkeit des Elfes-Urteils für die Probleme der Grundrechtskontrolle gerichtlicher Entscheidungen *Lenz*, RW 2016, 171 f. m.N.

35 BVerfGE 6, 32 (38); dies wird angesichts der Unsicherheiten des Begriffs der Rechtsnorm auf im Inland aufgrund deutscher öffentlicher Gewalt geltende außenwirksame Verhaltensanordnungen zu beschränken sein.

36 Zu den weiteren Fällen formeller Gesetze nur *Sachs*, in: Stern (Fn. 15), S. 428 f.

37 Das Elfes-Urteil hatte es allerdings nur mit Bestimmungen des Passgesetzes als eines formellen Parlamentsgesetzes zu tun, so dass die Aussagen zu anderen Rechtsnormen nicht zu den tragenden Gründen der Entscheidung gehören.

38 S. nur *Mursiek/Rixen* (Fn. 14), Art. 2 Rn. 90.

39 Vgl. (beim Beschwerdegegenstand der Verfassungsbeschwerde) *Herbert Bethge* (Fn. 11), § 90 (Februar 2018) Rn. 211; insoweit auch etwa BVerfGE 139, 321 (346 ff.), zum (Nicht-)Gebrauch der Parlamentskompetenz nach Art. 61 S. 2 Verfassung Bremen 1947 als Verletzung des Art. 4 Abs. 1, 2 GG i. V. m. Art. 149 GG/Art. 137 Abs. 5 S. 2 WRV.

40 S. nur *Murswiek/Rixen* (Fn. 14), Art. 2 Rn. 89; auch *Löwer* (Fn. 32), § 70 Rn. 192 bei Fn. 1566. Wohl nur missverständlich dagegen, „dass EU-Recht der verfassungsmäßigen Ordnung zugerechnet […]" wird, *Herbert Bethge* (Fn. 11), § 90 (Februar 2018) Rn. 120, der sich nur gegen die Notwendigkeit der Verfassungsmäßigkeit oder gar Rechtmäßigkeit des freiheitsbeschränkenden Unionsrecht wendet; entsprechend auch *Cornils* (Fn. 14), § 168 Rn. 84.

allgemeine Regeln des Völkerrechts nach Art. 25 GG[41] und durch Bundesgesetz nach Art. 59 Abs. 2 S. 1 GG innerstaatlich anwendbar gemachte normative Inhalte völkerrechtlicher Verträge.[42]

2. Was genau bedeutet verfassungsmäßig?

Die zur Freiheitsbeschränkung fähigen Rechtsnormen müssen nach dem Elfes-Urteil „verfassungsmäßig" sein, und zwar „formell und materiell".[43] Eine Einengung der zu berücksichtigenden Verfassungsbestimmungen anhand ihres Schutzzwecks zugunsten des jeweiligen Grundrechtsträgers kommt nicht in Betracht.[44]

a) Zur formellen Seite

Eine freiheitsbeschränkende Rechtsnorm, die formelle Anforderungen der Verfassung nicht erfüllt, also solche an Kompetenz des Normsetzers, an Verfahren und Form des Normerlasses, verletzt danach allein deshalb das eingeschränkte Grundrecht, auch wenn gegen den Inhalt der Rechtsnorm selbst keine durchgreifenden verfassungsrechtlichen Bedenken bestehen.

Gerade dagegen richteten und richten sich die Einwände gegen die „Elfes-Konstruktion", allerdings durchweg bezogen auf die verfassungsprozessualen Konsequenzen,[45] die besonderer Betrachtung bedürfen (unten III.). Für

---

41 Dazu nur *Sachs,* in: Stern (Fn. 15), S. 439 f. m.w.N.; *Herbert Bethge* (Fn. 11), § 90 (Februar 2018) Rn. 211a, sieht insoweit „[k]omplizierte Fragen", ohne sie näher zu erläutern.

42 Einschließlich der EMRK, die freilich besondere Fragen aufwirft, dazu nur *Herbert Bethge* (Fn. 11), § 90 (Februar 2018) Rn. 66 ff. Sonst insgesamt wie hier, die EMRK aber ausnehmend *Kahl* (Fn. 14), § 124 Rn. 79 m.w.N. Unklar *Lorenz* (Fn. 31), Art. 2 Abs. 1 (2008) Rn. 126.

43 BVerfGE 6, 32 (38) unten; ebda, S. 38 oben, spricht das Urteil in nicht unproblematischer Formulierung davon, die Rechtsordnung müsse „die materiellen und formellen Normen der Verfassung" beachten.

44 Wie hier ausdrücklich etwa *Löwer* (Fn. 32), § 70 Rn. 190 bei Fn. 1550; Allerdings offenlassend BVerfGE 96, 375 (398), für den Sonderfall der Verletzung auf den Schutz des Prozessgegners zielender Grundrechtsnormen; daran anknüpfend, den sonstigen Aussagen der Kommentierung nicht entsprechend *Herbert Bethge* (Fn. 11), § 90 (Februar 2018) Rn. 109, mit der Forderung, dass „dem Beschwerdeführer der Schutzzweck der konkreten Verfassungsnorm eindeutig zugeordnet werden" können müsse; für diese in der frühen Diskussion des Elfes-Urteils verbreitete Sichtweise ferner etwa wieder *Kube*, JuS 2003, 461.

45 Vgl. etwa *Bender* (Fn. 1), S. 41; *Lepsius* (Fn. 8), S. 183, 185 f.; auch *Starck* (Fn. 14), Art. 2 Rn. 27, der diese Kritik allerdings zurückweist.

das Elfes-Urteil selbst war die Anforderung der formellen Verfassungsmäßigkeit hingegen eine pure Selbstverständlichkeit; das Urteil hat sie rückblickend schon für die Weimarer Verfassung angenommen[46] und stellte dementsprechend fest: „Gesetze sind nicht schon dann, verfassungsmäßig', wenn sie formell ordnungsmäßig ergangen sind."[47] Unter dem Grundgesetz sollte diese fraglose Grundvoraussetzung aber nicht mehr ausreichen.

Nur hingewiesen sei hier darauf, dass in der Judikatur des Bundesverfassungsgerichts Verfahrensfehler beim Erlass von Rechtsnormen keineswegs selbstverständlich, sondern nur unter unterschiedlich gefassten Zusatzbedingungen zur Nichtigkeit oder auch nur Verfassungswidrigkeit so erlassener Normen führen.[48] Berührt der Verfahrensfehler die Gültigkeit der Norm nicht, bleibt sie Teil der verfassungsmäßigen Ordnung.

b) Zur materiellen Seite

Bei der materiellen Verfassungsmäßigkeit der Rechtsnorm geht es um zusätzliche inhaltliche Anforderungen, die von der fraglichen Grundrechtsbestimmung unabhängig sind. Diese können sich aus allgemeinen verfassungsrechtlichen Grundsätzen[49] oder Regelungen einzelner materieller Fragen des Staatsorganisationsrechts ergeben.[50]

---

46 BVerfGE 6, 32 (40): „Damals waren nicht nur zahlreiche Grundrechte durch den allgemeinen Gesetzesvorbehalt, dem jedes verfassungsmäßig erlassene Gesetz entsprach, tatsächlich ,leerlaufend'".

47 BVerfGE 6, 32 (41). Insoweit wurde denn auch anfangs kritisiert, bei Beschränkung auf die Prüfung der formellen Verfassungsmäßigkeit von Gesetzen würde der Schutz der Handlungsfreiheit leerlaufen; dazu *Fiedler* (Fn. 1), S. 85.

48 Zur einschlägigen Judikatur zusammenfassend nur *Sachs* (Fn. 15), Art. 20 Rn. 95, zu den differenzierten Konsequenzen von Verfassungswidrigkeit ebda, Rn. 98.

49 Das Elfes-Urteil sieht insoweit allgemein „vornehmlich de[n] Grundsatz der Rechtsstaatlichkeit und [das] Sozialstaatsprinzip" betroffen, BVerfGE 6, 32 (41); bezogen auf die verfahrensgegenständlichen Regelungen des Passgesetzes wurde namentlich deren hinreichende Bestimmtheit geprüft und angenommen, ebda, S. 42.

50 Das erste Beispiel dieser Art betraf die alleinige Kompetenz des Bundesverfassungsgerichts, eine Grundrechtsverwirkung auszusprechen, BVerfGE 10, 118 (122), die der Jubilar als „eine frühe Variante der Elfes-Konstruktion bei Art. 5 Abs. 2 GG" anführt, *Herbert Bethge* (Fn. 8), S. 26 Fn. 118. Aufgrund einer Richtervorlage nach Art. 100 Abs. 1 GG entscheidend hätte das Bundesverfassungsgericht den Umweg über eine Verletzung der Pressefreiheit durch ein nicht verfassungsgemäßes allgemeines Gesetz nach Art. 5 Abs. 2 GG nicht gehen müssen, sondern hätte schlicht die Unvereinbarkeit mit dem Grundgesetz wegen Verstoßes gegen Art. 18 GG feststellen können.

Das Elfes-Urteil spricht daneben und „[v]or allem" davon, dass die Gesetze die Menschenwürde, „aber auch die geistige, politische und wirtschaftliche Freiheit des Menschen nicht so einschränken dürften, daß sie in ihrem Wesensgehalt angetastet würde".[51] Die Verfassungsmäßigkeit der die Handlungsfreiheit beschränkenden Norm soll damit offenbar auch von der Vereinbarkeit mit anderen (Freiheits-)Grundrechten abhängig sein.

Dem Elfes-Urteil kann wohl nicht unterstellt werden, dass seine Aussagen gezielt auf Grundrechtsverletzungen anderer Grundrechtsträger gemünzt waren. Gleichwohl ist daran festzuhalten, dass auch die Beachtung der Grundrechte Dritter unter die Anforderung „materieller Verfassungsmäßigkeit" einer Rechtsnorm fällt.[52]

Allerdings ist gerade in solchen Fällen zu beachten, welche Reichweite ein anderweitiger Verfassungsverstoß hat. Das freiheitsbeschränkende Gesetz muss zur Vermeidung einer Grundrechtsverletzung nur insoweit verfassungsmäßig sein, als es die Freiheitsbeschränkung anordnet; die Verfassungswidrigkeit anderer Teile des Gesetzes bleibt, wenn sie nicht zur Gesamtnichtigkeit des Gesetzes führt, außer Betracht. Dies betrifft nicht nur textlich abgrenzbare Bestandteile des fraglichen Gesetzes, sondern als Fälle qualitativer Teilnichtigkeit[53] auch auf Dritte bezogene Bedeutungsgehalte desselben Teils eines Normtextes – verletzt ein solcher abgrenzbarer Bedeutungsgehalt nur Grundrechte Dritter, ist die Norm insoweit teilnichtig; der verbleibende Normteil, der sich auf den ersten Grundrechtsträger bezieht, bleibt davon unberührt verfassungsgemäß bestehen, insoweit bleiben die Grundrechtsverletzungen der Dritten ohne Bedeutung.

---

51 BVerfGE 6, 32 (41), wo der heute praktisch meist entscheidende Grundsatz der Verhältnismäßigkeit noch nicht angesprochen wurde. Für *Fiedler* (Fn. 1), S. 85, „klingen die im Urteil genannten Freiheitssicherungen […] wenig gehaltvoll"; tatsächlich geht es bei der Respektierung der genannten Freiheitsbereiche nicht wirklich um Sicherungen der Freiheit (des Art. 2 Abs. 1 GG oder des sonstigen primär geprüften Grundrechts), sondern um die Achtung weiterer Grundrechtsgarantien wohl zugunsten desselben Betroffenen, die je selbständig zu prüfen sind und Art. 2 Abs. 1 GG gegebenenfalls verdrängen. Das war allerdings ersichtlich nicht die Einschätzung des Elfes-Urteils.

52 S. nur *Sachs* (Fn. 15), vor Art. 1 Rn. 135 m.w.N.; *Cornils* (Fn. 14), § 168 Rn. 86; auch *Kunig* (Fn. 14), Art. 2 Rn. 23; *Wernsmann* (Fn. 9), S. 607 f.; *Lenz*, RW 2016, 168 f.; anders allerdings insbesondere *Alexy*, Theorie der Grundrechte, 1985, S. 353 ff.; ferner etwa *Kube*, in: Isensee/Kirchhof (Hrsg.), HStR, Bd. VII, 3. Aufl. 2009, § 148 Rn. 85.

53 *Sachs*, DVBl. 1979, 389 ff.; *ders.*, Verfassungsprozessrecht, 4. Aufl. 2016, Rn. 160 f.; *Herbert Bethge* (Fn. 11), § 78 (Juni 2018) Rn. 34.

c) Gültigkeit statt Verfassungsmäßigkeit

Das Elfes-Urteil hat maßgeblich auf die Verfassungsmäßigkeit der zugelassenen einschränkenden Rechtsnormen abgestellt, weil es sich an der in Art. 2 Abs. 1 GG angesprochenen „verfassungsmäßigen Ordnung“ orientiert hat. Tatsächlich dürfte auf die *Gültigkeit* der einschränkenden Normen abzustellen sein, also auf die „gültige Rechtsordnung“. Die Verfassungsmäßigkeit der Normen stellt dafür eine regelmäßig notwendige,[54] aber keine hinreichende Bedingung dar. Auch die in jeder Hinsicht verfassungsmäßige Norm, die aus sonstigen Gründen ungültig ist[55] oder ihre Geltung verloren hat, etwa aufgehoben oder wegen einer Befristung durch Zeitablauf erloschen ist, darf die Verhaltensfreiheit nicht beschränken.[56]

3. Ist dieser Ansatz nicht über Art. 2 Abs. 1 GG hinaus anwendbar?

Mit der Ablösung von der in Art. 2 Abs. 1 GG angesprochenen „verfassungsmäßigen Ordnung“ wird auch deutlich, dass es sich bei der sog. Elfes-Konstruktion nicht um eine Besonderheit dieses Auffanggrundrechts handelt, sondern – in den Worten des Jubilars – um einen „Argumentationsansatz, der auch bei

---

54 Bei den formellen Mängeln (oben a) hat sich gezeigt, dass Verfassungsverletzungen nicht zwangsläufig die Geltung der Norm in Frage stellen; Entsprechendes gilt bei Anordnung der Fortgeltung verfassungswidriger Normen durch das Bundesverfassungsgericht, dazu nur *Herbert Bethge* (Fn. 11), § 78 (Juni 2018) Rn. 66 ff.; *Sachs* (Fn. 15), Art. 20 Rn. 98a, aber auch bei materiellen Fehlern.

55 In Betracht kommen insbesondere Verstöße gegen andere jeweils höherrangige Rechtsnormen außerhalb der Verfassung, etwa gegen allgemeine Regeln des Völkerrechts nach Art. 25 GG, von Landesrecht gegen Bundesrecht, von untergesetzlichen Normen gegen formelle Gesetze; es kommt dann nicht darauf an, ob solche Verstöße zugleich Verstöße gegen das Grundgesetz (Art. 25, 31 oder die im Grundgesetz angelegte Normenhierarchie) darstellen. Vgl. zu diesen Fragen insgesamt kurz nur *Stern,* in: Bonner Kommentar zum GG, Stand: November 2019, Art. 93 (1982) Rn. 674. Zu Verstößen gegen Art. 25 GG *Bethge* (Fn. 11), § 90 (Februar 2018) Rn. 71, auch 211a; allgemein, ohne Beschränkung auf allenfalls in Frage kommende förmliche, später erlassene Bundesgesetze, gegen Beachtlichkeit von Verstößen gegen die EMRK *Löwer* (Fn. 32), § 70 Rn. 192 zu Fn. 1570, unter irriger Berufung auf die Judikate des BVerfG.

56 In diesem Sinne ausdrücklich etwa auch *Schlaich/Korioth* (Fn. 28), Rn. 284: „verfassungsmäßig und gültig, also überhaupt anwendbar“ (für Grundrechtseingriffe überhaupt).

den Spezialgrundrechten Anwendung findet."[57] Dies war nach dem Elfes-Urteil nicht sofort klar, jedenfalls nicht allen. Teils wurde angenommen, Art. 2 Abs. 1 GG habe einen besonderen, neben den Spezialgrundrechten stehenden Anspruch auf insbesondere formelle Verfassungsmäßigkeit des Staatshandelns zum Inhalt.[58] Im mündlichen Teil meiner Ersten juristischen Staatsprüfung im Dezember 1973 ging es um ein – damals aktuelles – gesetzliches Sonntagsfahrverbot und seine Auswirkungen auf Inhaber von Ausflugslokalen. Mein Prüfer war durchaus erstaunt, dass ich die Gesetzgebungskompetenz bei der Berufsfreiheit geprüft habe und nicht davon getrennt bei Art. 2 Abs. 1 GG. Doch konnte ich darauf verweisen, dass dies keine bloße Schnapsidee meinerseits, sondern von *Schwabe* für mich überzeugend in Heft 18 der DÖV 1973[59] dargelegt worden war. Das hatte ich zur Examensvorbereitung studiert – mein Prüfer (und späterer Lehrer Klaus Stern) war's zufrieden.[60]

Inzwischen hat sich diese Sicht der Dinge längst allgemein durchgesetzt: Jede gesetzliche Einschränkung irgendeines Grundrechts muss in jeder Hinsicht verfassungsgemäß sein;[61] ebenso klar sollte sein, dass Grundrechtsbeschränkungen auch

---

57 *Herbert Bethge* (Fn. 8), S. 25 f.; s. auch für Art. 5 Abs. 1 GG *ders.*, in: Sachs (Hrsg.), GG, 8. Aufl. 2018, Art. 5 Rn. 154, wo er für diesen Einsatz der dabei so bezeichneten „Elfes-Konstruktion" den Rückgriff auf Art. 2 Abs. 1 GG mit Recht für entbehrlich hält.

58 In diese Richtung auch die in Fn. 6 aus AöR 104 (1979), 297 zitierte Aussage des Jubilars.

59 *Schwabe*, DÖV 1973, 623 ff.; zustimmend etwa *Scholz*, AöR 100 (1975), 80 (106 und ff.) m.N. zum seinerzeitigen Streitstand und zur nicht unmissverständlichen Entscheidungspraxis des Bundesverfassungsgerichts; ferner etwa wieder *Frotz* (Fn. 8), S. 42 f. Sogar die abweichende Meinung des Richters *Grimm*, BVerfGE 80, 137, 164 (168), hält eine „derartige Kontrollbreite" bei anderen Grundrechten für richtig, lehnt sie nur für Art. 2 Abs. 1 GG bei seinem weiten Verständnis als allgemeine Verhaltensfreiheit ab.

60 Einige Jahre später konnte ich in einer *-Fußnote ausgewiesene „wertvolle Mitarbeit" bei der Kommentierung des Art. 93 durch *Stern* im Bonner Kommentar (Fn. 55), leisten, wo in Rn. 672 ff. die Notwendigkeit umfassender Verfassungsmäßigkeitsprüfung bei jeder Prüfung einer Grundrechtsverletzung im Rahmen der Verfassungsbeschwerde (auch nur mittelbar) gegen Gesetze dargelegt wird; anders allerdings wieder *Stern* (Fn. 14), Bd. IV/1, S. 921 f., der unter dem Stichwort der „sog. ‚Elfes-Logik'" die umfassende Prüfung am objektiven Verfassungsrecht durch das Bundesverfassungsgericht nur eingreifen lässt, wenn „neben einem Grundrecht" auch Art. 2 Abs. 1 GG gerügt wird, und nur „[b]isweilen" von Art. 2 Abs. 1 GG „in das spezielle Grundrecht verlagert" sieht (Fn. 255); wohl offen zuletzt *Russel Varga* (Fn. 8).

61 Vgl. statt aller etwa *Pestalozza*, Verfassungsprozeßrecht, 3. Aufl. 1991, § 12 Rn. 32; *Cornils* (Fn. 14), § 168 Rn. 86; *Hillgruber* in: Isensee/Kirchhof (Hrsg.), HStR, Bd. IX, 3. Aufl. 2011, § 201 Rn. 36.

im Rahmen von so formulierten Gesetzesvorbehalten besonderer Grundrechte durch jede Rechtsnorm als Teil der Rechtsordnung erfolgen können.[62]

Nicht erneut aufgewärmt[63] werden soll die Frage, ob nicht die umfassende Verfassungsmäßigkeit für jede Einschränkung verfassungsrechtlich geschützter Positionen auch über den Bereich der Grundrechte hinaus zu fordern ist; *Herbert Bethge* lehnt dies für die Garantie der kommunalen Selbstverwaltung wie schon 1972[64] auch heute noch ab.[65]

4. Ergebnis zur Grundrechtsdogmatik

Als Ergebnis zur grundrechtsdogmatischen Seite der Problematik bleibt festzuhalten, dass alle Grundrechte nur durch in jeder Hinsicht verfassungsmäßige, gültige Rechtsnormen eingeschränkt werden dürfen. Es ist eine bloße Zufälligkeit, dass dies im Rahmen der ja durchaus problematischen Auslegung des Begriffs der verfassungsmäßigen Ordnung in Art. 2 Abs. 1 GG erstmals zu Tage getreten ist. Eine Verfassung, die Einschränkungen ihrer Garantien zulässt, gibt diese damit nicht verfassungswidrigen Einwirkungen preis, sondern setzt selbstverständlich voraus, dass solche Einschränkungen nur im Rahmen des verfassungsrechtlich Zulässigen erfolgen.

III. Verfassungsprozessuale Konsequenzen

Demgegenüber mag es Gründe geben können, die grundrechtsdogmatische Selbstverständlichkeit umfassender Verfassungsmäßigkeit und Gültigkeit jedes Eingriffs nicht auch für die Verfassungsbeschwerde zu übernehmen. Tatsächlich fokussierten sich die Einwände gegen die „Elfes-Konstruktion" stets vor allem auf die Erweiterung der Kontrollmöglichkeiten des Bundesverfassungsgerichts.[66]

---

62 Vgl. dafür nur *Sachs,* in: Stern (Fn. 15), S. 435, 450 ff.; *Sachs* (Fn. 15), vor Art. 1 Rn. 107 ff., Art. 20 Rn. 118 (zum Gesetzesbegriff bei der Gesetzmäßigkeit von Verwaltung und Rechtsprechung).

63 Vgl. *Wernsmann* (Fn. 9), S. 601 ff., und eher beiläufig auch *Sachs* (Fn. 10), S. 261 f. in Fn. 59.

64 *Herbert Bethge* (Fn. 7), DÖV 1972, 156 ff.

65 *Herbert Bethge* (Fn. 11), § 91 (Dezember 2014) Rn. 64 f.

66 S. namentlich die abweichende Meinung des Richters *Grimm,* BVerfGE 80, 137, 164 (168) und Fn. 45.

1. Reduzierte Kontrolle von Entscheidungen

Tatsächlich hat das Bundesverfassungsgericht ja seine Kontrolle von (Gerichts-) *Entscheidungen* weit zurückgenommen, erstreckt sie nicht auf jeden Rechtsanwendungsfehler, auch wenn dieser materiell stets eine Grundrechtsverletzung darstellt.[67] Diese Beschränkung auf spezifisch verfassungsbezogene Rechtsverstöße von Entscheidungen, die mit dem Kontrollmaßstab des „spezifischen Verfassungsrechts“[68] gemeint sind, hätte für die Verfassungsbeschwerde gegen Rechtsnormen eine Parallele finden können. Das Bundesverfassungsgericht hätte seine Prüfung nur auf spezifisch *grundrechts*bezogene Verfassungsverletzungen beschränken müssen – dazu ist es nicht gekommen, vielleicht wegen der im Elfes-Urteil bei der Auslegung der „verfassungsmäßigen Ordnung“ erfolgten Weichenstellung.

2. Einengungsansätze bei der konkreten Normenkontrolle

Ansätze zu entsprechenden Einengungen des Prüfungsumfangs gibt es allerdings bei der konkreten Normenkontrolle, wenn auch nur vereinzelt. Namentlich hat das Bundesverfassungsgericht im Jahre 1984 in vier Fällen Richtervorlagen verworfen, weil die Grundrechtsverletzung, die das (ansonsten) entscheidungserhebliche Gesetz verfassungswidrig machte, nicht die Parteien des Ausgangsverfahrens betraf.[69]

Die Konsequenz dieser Sichtweise wäre, dass die Gerichte ein Gesetz, auf dessen Gültigkeit es bei ihrer Entscheidung ankommt, trotz erkannter Verfassungswidrigkeit im Ausgangsverfahren anwenden müssten. Die selbst nicht in Grundrechten beeinträchtigten Parteien könnten dagegen keine Verfassungsbeschwerde einlegen. Würde nach Rechtskraft der Entscheidung das Gesetz in einem anderen

---

67 Oben zu Fn. 28 ff.

68 So die fragwürdige Formulierung des Bundesverfassungsgerichts seit BVerfGE 1, 418 (420); dann insbes. BVerfGE 18, 85 (92 f.); dazu nur *Herbert Bethge* (Fn. 11), § 90 (Februar 2018) Rn. 316 ff. m.w.N.

69 BVerfGE 66, 100 ff.; 66, 226 ff.; 67, 26 ff.; 67, 239 ff.; zur Kritik damals *Aretz*, JZ 1984, 918 ff.; *Sachs*, DVBl. 1985, 1106 ff. BVerfGE 125, 175 (219) hat dies unbeeindruckt von der Kritik für Gleichheitsfälle (bei Annahme fehlender Entscheidungserheblichkeit) erneut aufgegriffen. Ist die Partei des Ausgangsverfahrens keiner Ungleichbehandlung (im Sinne einer aus den Unterschiedlichkeiten der betroffenen Fälle nicht hinreichend erklärbaren Differenzierung; dazu nur *Sachs*, in: Stern [Fn. 15], Bd. IV/2, 2011, S. 1506 ff.) ausgesetzt, fehlt es ihr gegenüber allerdings von vornherein an einer Grundrechtsbeeinträchtigung, die durch ein oder aufgrund eines Gesetzes gerechtfertigt werden müsste.

Verfahren für nichtig erklärt, bliebe das nach § 79 Abs. 2 BVerfGG für die Betroffenen ohne Auswirkungen; die auf verfassungswidriger gesetzlicher Grundlage erlassenen grundrechtsverletzenden Entscheidungen hätten selbst dann unangreifbar Bestand.[70] Dies entspricht nicht meinen Vorstellungen von der Wahrung der Integrität der verfassungsmäßigen Ordnung.

3. Gesetzesverfassungsbeschwerde und Grundrechte Dritter

Entsprechende Auswirkungen treten ein, wenn man die Verfassungsbeschwerde eines nachteilig in seinen Grundrechten Betroffenen (auch mittelbar) gegen ein Gesetz nicht durchgreifen lässt, wenn dieses Gesetz, soweit es auf den Betroffenen anwendbar ist, wegen der Verletzung der Grundrechte anderer verfassungswidrig und ungültig ist.[71] Das Bundesverfassungsgericht ist dem in seinem Urteil zum Nachtarbeitsverbot für Frauen von 1992 unter ausdrücklicher Aufgabe einer gegenteiligen Entscheidung[72] in aller Klarheit entgegengetreten. Es hat die Verfassungsbeschwerde einer Unternehmerin für zulässig erklärt, die mit einem Bußgeld belegt worden war, weil sie gegen das Verbot verstoßen hatte, nachts Arbeiterinnen zu beschäftigen. Zur Begründung heißt es wörtlich „Zwar wird sie nicht selbst durch das nur für Arbeiterinnen geltende Nachtarbeitsverbot diskriminiert. Daher kommt für sie eine Verletzung in ihrem Grundrecht aus Art. 3 GG nicht in Betracht. Sie kann aber in ihrem Grundrecht auf allgemeine Handlungsfreiheit verletzt sein, wenn das Nachtarbeitsverbot […] gegen Art. 3 Abs. 1 und 3 GG verstößt." Die Feststellung eines solchen Gleichheitsverstoßes führte zu dem Ergebnis: „Die Verhängung eines Bußgeldes auf dieser verfassungswidrigen Rechtsgrundlage verletzt die Beschwerdeführerin in ihrem Grundrecht auf allgemeine Handlungsfreiheit […]."[73]

---

70 *Herbert Bethge* (Fn. 11), § 79 Rn. 44 ff.

71 Die Problematik der Verfassungsbeschwerden gegen ein Gesetz, dass trotz seiner Verfassungswidrigkeit (befristet) fortgilt, vgl. zu dieser Judikatur *Sachs* (Fn. 15), Art. 20 Rn. 98a; zur verfassungsprozessualen Würdigung s. nur *Herbert Bethge* (Fn. 11), § 78 (Juni 2018) Rn. 56 ff., sei hier ausgeklammert.

72 Und zwar BVerfGE 77, 84 (101); dort hatte es geheißen: „Auch die Rüge einer Verletzung des Art. 2 Abs. 1 GG eröffnet nicht die Möglichkeit geltend zu machen, eine Norm gehöre nicht zur verfassungsmäßigen Ordnung, weil sie Dritte gleichheitswidrig benachteilige oder bevorzuge, selbst wenn es zur Ausübung der eigenen wirtschaftlichen Handlungsfreiheit notwendig der Mitwirkung Dritter (hier der Entleiher und der Leiharbeitnehmer) bedarf."

73 Vgl. BVerfGE 85, 191 (205 f. bzw. 206); BVerfGE 106, 64 (89), nimmt „eine unangemessene Beschränkung der Berufsausübungsfreiheit an", weil die angegriffene Regelung „das im Zuge systematischer Verfassungsinterpretation zu berücksichtigende

Warum dem nicht (für alle Grundrechte) gefolgt werden sollte,[74] vermag ich nicht zu erkennen.

IV. Gesamtergebnis

Insgesamt ist festzuhalten: Grundrechtsdogmatisch können Normen, soweit sie aus irgendeinem Grunde insbesondere wegen Verfassungsverstoßes ungültig sind, kein Grundrecht zulässiger Weise einschränken. Hiervon ist auch im Verfassungsprozess grundsätzlich nicht abzuweichen: Anders als gegenüber Urteilen der Fachgerichte ist es nicht angezeigt, dass das Bundesverfassungsgericht gegenüber mit der Verfassungsbeschwerde angegriffenen Gesetzen seine Kontrolldichte zurücknimmt. Im grundrechtsgeprägten Verfassungsstaat[75] hat der Bürger Einschränkungen seiner Grundrechte nur hinzunehmen, wenn sie auf Rechtsnormen beruhen, die in jeder Hinsicht dem Grundgesetz entsprechen.

Nur soweit für bestimmte Verfassungsverstöße im Grundgesetz anderweitige Zuständigkeiten begründet sind, wie zumal bezüglich der Landesverfassungen, kann die Kontrolle von Rechtsnormen durch das Bundesverfassungsgericht unterbleiben.[76] Es hat sich ohnehin mit der Erweiterung der Verfassungsbeschwerde auf die Kontrolle anhand der Unionsgrundrechte ein zusätzliches Betätigungsfeld eröffnet.[77]

Gleichberechtigungsgebot aus Art. 3 Abs. 2 GG verletzt." Ähnlich schon bei Verletzung des Art. 14 GG BVerfGE 61, 82 (112 f.); bei Verletzung der Religionsfreiheit BVerfGE 104, 337 (346); begrenzt offenlassend demgegenüber BVerfGE 96, 375 (398).

74 Auch *Herbert Bethge* (Fn. 11), § 90 (Februar 2018) Rn. 81a, 360, wendet sich nur gegen „die *isolierte* Geltendmachung subjektiver Grundrechtspositionen Anderer" (Hervorhebung hinzugefügt); ebenso *ders.* (Fn. 13), HStR IX, § 203 Rn. 15.

75 Vgl. für die Formulierung: Der grundrechtsgeprägte Verfassungsstaat, FS für Stern zum 80. Geburtstag, 2012.

76 Allgemein *Herbert Bethge* (Fn. 11), § 90 (Februar 2018) Rn. 51, 118; zum Ausschluss der Anwendbarkeit von Art. 3 Abs. 1 GG für Wahlen zu Volksvertretungen in den Ländern unter Aufgabe der vorherigen ständigen Rechtsprechung BVerfGE 99, 1 (8 ff.); ablehnend demgegenüber aber *Herbert Bethge* (Fn. 11), § 90 (Februar 2018) Rn. 90.

77 Vgl. nach dem Maß unionsrechtlicher Determinierung deutscher Rechtsnormen differenzierend die beiden Beschlüsse zum „Recht auf Vergessen I bzw. II" BVerfGE 152, 152 ff. u. 152, 216 ff.

Jochen Rozek

Karlsruher Selbstermächtigung – Das Bundesverfassungsgericht als nationaler Hüter der Unionsgrundrechte?

A. Einleitung

Das verfassungsdogmatische Spannungsfeld, in dem sich der Beschluss des Ersten Senats des Bundesverfassungsgerichts vom 6. November 2019 (1 BvR 276/17)[1] bewegt, der vom Senat selbst mit dem beziehungsreichen Titel „Recht auf Vergessen II" versehen wurde, lässt sich wohl recht adäquat anhand folgender vier Aussagen umreißen:

– „Ein Karlsruher Richterspruch und ganze Bibliotheken geraten zu Makulatur."[2]

– „We are under a Constitution, but the Constitution is what the judges say it is."[3]

– Verfassungsgerichtsbarkeit ist „rechtlich konstituierte und limitierte Gerichtsbarkeit." Dem Bundesverfassungsgericht eignet „keine Kompetenz-Kompetenz;" seine enumerativen Kompetenzen sind „verfassungsakzessorisch und gesetzesdeterminiert."[4]

– Ultra-vires-Akte sind durch eine „offensichtliche und strukturell bedeutsame Kompetenzüberschreitung" gekennzeichnet.[5]

---

1 BVerfGE 152, 216 ff. – „Recht auf Vergessen II".

2 Adaption des berühmten Ausspruchs *Julius v. Kirchmanns* „Drei berichtigende Worte des Gesetzgebers und ganze Bibliotheken werden zu Makulatur" aus dem Jahr 1847, anlässlich seines Vortrags über die „Wertlosigkeit der Jurisprudenz als Wissenschaft".

3 Ausspruch des späteren Chief Justice of the United States *Charles Evans Hughes* aus dem Jahr 1907, anlässlich einer Ansprache vor der Chamber of Commerce, Elmira, New York.

4 *Herbert Bethge,* in: Schmidt-Bleibtreu/Klein/Bethge, BVerfGG, Stand: 62. Ergänzungslieferung (Januar 2022), Vorbemerkung (Februar 2016) Rn. 19 u. 24 f.; ebenso speziell für die Rolle des BVerfG im Gefüge der europäischen Integration *ders.*, a.a.O., Vorbemerkung (Februar 2016) Rn. 311, 319 f.

5 So die st. Rspr. des BVerfG im Hinblick auf Ultra-vires-Akte der EU, insb. solche des EuGH; vgl. BVerfGE 126, 286 (302 ff.); 134, 366 (382 ff. Rn. 22 ff., 392 ff. Rn. 37 ff.); 142, 123 (198 ff. Rn. 143 ff.); 151, 202 (296 ff. Rn. 140 ff.); 154, 17 (90 Rn. 110).

Wie sich freilich die Entscheidung „Recht auf Vergessen II" in das vom vorstehenden Aussagenquartett skizzierte „Kräfteparallelogramm" genau einordnen lässt, bleibt die noch zu klärende spannende Frage. Zusammen mit ihrer Schwesterentscheidung „Recht auf Vergessen I"[6] ist die zu besprechende Entscheidung ersichtlich als Befreiungsschlag des Bundesverfassungsgerichts – oder zunächst jedenfalls des Ersten Senats dieses Zwillingsgerichts[7] – zur institutionellen Selbstbehauptung im Grundrechtsbereich gedacht, um sich einem drohenden Bedeutungsverlust im Verhältnis zum EuGH entgegenzustemmen, der im grundsätzlichen Anwendungsvorrang des Unionsrechts[8] und dem immer engmaschigeren Netz des sekundären Unionsrechts seine Ursachen findet.[9]

Die zentrale Innovation findet sich in der Entscheidung „Recht auf Vergessen II", die deshalb im Mittelpunkt der nachfolgenden Betrachtung und Bewertung stehen soll. Das Hauptaugenmerk soll – vor dem Hintergrund der einleitenden Aussagen – dabei auf dem methodischen Vorgehen des Senats liegen.[10]

B. Der Beschluss des Ersten Senats des Bundesverfassungsgerichts

Zum Gegenstand der Entscheidung:[11] Im Rahmen einer Urteilsverfassungsbeschwerde nach Art. 93 Abs. 1 Nr. 4a GG gegen ein Urteil des OLG Celle ging es darum, ob Betroffene von einem Suchmaschinenbetreiber verlangen können, den Nachweis und die Verlinkung bestimmter Inhalte im Internet zu unterlassen; in die in dieser Konstellation gebotenen Abwägung divergierender und kollidierender Grundrechtsbelange waren neben den Persönlichkeitsrechten der

---

6 BVerfGE 152, 152 ff. – „Recht auf Vergessen I".

7 Auch der Zweite Senat des BVerfG ist freilich inzwischen auf die Linie des Ersten Senats eingeschwenkt – s. BVerfGE 156, 182 (197 ff. Rn. 34 ff.); 158, 1 (23 ff. Rn. 35 ff.).

8 Zum Anwendungsvorrang des Unionsrechts vgl. BVerfGE 123, 267 (398, 402); 126, 286 (301 ff.); 129, 78 (99 f.); 140, 317 (335 Rn. 38); 142, 123 (187 Rn. 118); 152, 216 (235 Rn. 47); 153, 74 (141 Rn. 114); 156, 182 (197 Rn. 36); 158, 1 (24 Rn. 38).

9 Vgl. zur Einschätzung der hinter dieser Entscheidung stehenden Motivlage auch *Breuer,* Wider das Recht auf Vergessen … des Bundesverfassungsgerichts, Beitrag auf verfassungsblog.de v. 03.12.2019; *Gärditz,* Grundrechts-Mobile statt starrer Kompetenzschichten, Beitrag auf verfassungsblog.de v. 19.01.2020.

10 Zu den Folgeproblemen des Ansatzes des BVerfG s. etwa *Scheffzyck,* NJW 2020, 977 ff.; *E. Klein,* DÖV 2020, 341 (346 f.); *Detterbeck,* JZ 2021, 593 (595 f.).

11 Vgl. BVerfGE 152, 216 (217 ff. Rn. 1 ff.).

Betroffenen, die unternehmerische Freiheit der Suchmaschinenbetreiber, die Grundrechte der jeweiligen Inhalteanbieter sowie die Informationsinteressen der Internetnutzer einzustellen.[12]

Das Besondere der Fallkonstellation liegt darin, dass im Hintergrund des Verfahrens Vorschriften des Unionsrechts stehen:[13]

Zum Zeitpunkt der angegriffenen Entscheidung des OLG Celle galt die Datenschutzrichtlinie 95/46/EG, die die Mitgliedstaaten dazu verpflichtete, bei der Verarbeitung personenbezogener Daten den Schutz der Privatsphäre natürlicher Personen zu gewährleisten. Seit dem 25. Mai 2018 ist die Richtlinie durch die Datenschutz-Grundverordnung abgelöst worden, die in ihrem Art. 17 nunmehr ein Recht auf Löschung enthält, das dort auch als „Recht auf Vergessenwerden" überschrieben ist.

Der Sachverhalt bewegt sich mithin in einem Regelungsbereich, der durch das Unionsrecht vollständig harmonisiert (vereinheitlicht) ist. Das Bundesverfassungsgericht spricht etwas verkürzt von „vollständig vereinheitlichtem Unionsrecht"[14] bzw. „vollvereinheitlichtem Unionsrecht"[15], dessen Vollzug durch bundesdeutsche Stellen nach der Rechtsprechung beider Senate des Gerichts wegen des prinzipiellen Anwendungsvorrangs des Unionsrechts nicht (mehr) an den Grundrechten des Grundgesetzes gemessen werden kann.[16] Vielmehr gelten die Unionsgrundrechte, deren Anwendung Konsequenz der Übertragung von Hoheitsbefugnissen auf die EU nach Art. 23 Abs. 1 S. 2, 3 GG ist. Die Unionsgrundrechte in Gestalt der Grundrechtecharta bilden insoweit den grundrechtlichen Maßstab für die konkretisierende Anwendung des Unionsrechts durch innerstaatliche Behörden und Fachgerichte.

Die in der ständigen Rechtsprechung des Bundesverfassungsgerichts in seiner Rolle als „Schrankenwärter" der europäischen Integration geltend gemachten Kontrollvorbehalte gegenüber unionsrechtlich determinierten Rechtsakten, die sich auf die *Grundrechtskonformität* (sog. Solange-Vorbehalt)[17] und

12 Vgl. BVerfGE 152, 216 (254 ff. Rn. 98 ff.).

13 Vgl. BVerfGE 152, 216 (224 Rn. 18).

14 BVerfGE 152, 216 (234 Rn. 44).

15 BVerfGE 152, 216 (234 f. Rn. 45).

16 Vgl. nur BVerfGE 73, 339 (387); 102, 147 (162 ff.); 123, 267 (335); 125, 260 (306 f.); 129, 78 (103); 140, 317 (334 Rn. 36); 152, 216 (233 ff. Rn. 42 ff.); 158, 1 (24 Rn. 37).

17 Vgl. BVerfGE 73, 339 (387); 89, 155 (174 f., 178); 102, 147 (161 ff.); 118, 79 (95); 121, 1 (15); 123, 267 (399); 125, 260 (306); 129, 78 (90); 129, 186 (199); 140, 317 (337 Rn. 43); 152, 126 (236 Rn. 48); 152, 216 (235 Rn. 17); 158, 1 (24 Rn. 39).

Kompetenzkonformität (sog. Ultra-vires-Kontrolle)[18] abgeleiteten Unionsrechts sowie auf dessen Vereinbarkeit mit der *Verfassungsidentität des Grundgesetzes* (sog. Identitätskontrolle)[19] erstrecken, spielten im vorliegenden Verfahren keine Rolle. Namentlich der Solange-Vorbehalt stellt angesichts der Grundrechtsbindung der EU nach Art. 6 Abs. 1 und Abs. 3 EUV und des durch die Grundrechtecharta erreichten grundrechtlichen Standards ohnehin eine nur noch theoretische Reservekompetenz des Bundesverfassungsgerichts dar.[20] Es handelt sich mittlerweile um eine eingemottete „Fleet in being".[21]

Damit aber schien das Schicksal der erhobenen Urteilsverfassungsbeschwerde vorgezeichnet:

Da einerseits die Grundrechte des Grundgesetzes als Prüfungs- und Entscheidungsmaßstab ausscheiden, andererseits nach bis dahin ganz herrschender Ansicht die Verfassungsbeschwerde schon nach Wortlaut und Systematik des Art. 93 Abs. 1 Nr. 4a GG und der §§ 90 ff. BVerfGG nicht unmittelbar auf unionsrechtliche Grundrechtsverbürgungen als Entscheidungsmaßstab gestützt werden kann,[22] hätte die erhobene Verfassungsbeschwerde eigentlich mangels Beschwerdebefugnis als unzulässig verworfen müssen[23] bzw. nach § 93a BVerfGG gar nicht erst zur Entscheidung angenommen werden dürfen.

---

18 Vgl. BVerfGE 123, 267 (353 ff.); 126, 286 (302 ff.); 134, 366 (382 ff. Rn. 23 ff.); 142, 123 (198 ff. Rn. 143 ff.); 151, 202 (296 Rn. 140 ff.); 154, 17 (90 ff. Rn. 110 ff.); 156, 182 (199 Rn. 40); 158, 1 (25 Rn. 41).

19 Vgl. BVerfGE 123, 267 (344, 353 f.); 126, 286 (302); 129, 78 (100); 129, 124 (177); 132, 195 (239 Rn. 106); 133, 277 (316 Rn. 9); 134, 366 (384 ff. Rn. 27 ff.); 135, 317 (399 f. Rn. 161); 140, 317 (336 ff. Rn. 40 ff.); 142, 123 (195 Rn. 138, 203 Rn. 153); 151, 202 (286 Rn. 119); 154, 17 (86 Rn. 101); 156, 182 (199 Rn. 40); 158, 1 (25 Rn. 41).

20 Vgl. BVerfGE 152, 216 (236 Rn. 48): „Reservefunktion"; ebenso BVerfGE 158, 1 (25 Rn. 40); s. auch *Detterbeck*, in: Sachs, GG, 9. Aufl. 2021, Art. 93 Rn. 26b; *Voßkuhle*, in: v. Mangoldt/Klein/Starck, GG, Bd. 3, 7. Aufl. 2018, Art. 93 Rn. 83a.

21 Vgl. schon *Huber*, VVDStRL 60 (2001), 194 (204); *ders.*, DVBl. 2009, 574 (578).

22 Vgl. BVerfGE 82, 159 (191); 110, 141 (154 f.); 115, 276 (299 f.); s. – für die abstrakte Normenkontrolle – ferner BVerfGE 136, 69 (91 Rn. 43); zu diesem eindeutigen Befund auch *Herbert Bethge* (Fn. 4), § 90 (Februar 2018) Rn. 73a sowie etwa *Wolff*, BayVBl. 2020, 119 (123 f.); *Detterbeck*, JZ 2021, 593 (598); *ders.* (Fn. 20), Art. 93 Rn. 27a.

23 Vgl. BVerfGE 118, 79 (95); 121, 1 (15); 122, 1 (20); 125, 260 (306); 129, 186 (199).

C. Die Abkehr von der bisherigen Rechtsprechung

Das Erstaunliche, ja Sensationelle ist, das genau dies nicht geschehen ist; vielmehr bricht der Senat radikal mit der bisherigen Rechtsprechung und formuliert im Leitsatz 1 des Beschlusses:[24]

> *„Soweit die Grundrechte des Grundgesetzes durch den Anwendungsvorrang des Unionsrechts verdrängt werden, kontrolliert das Bundesverfassungsgericht dessen Anwendung durch deutsche Stellen am Maßstab der Unionsgrundrechte."*

Jedenfalls in Fällen, in denen Gegenstand der Verfassungsbeschwerde die Kontrolle der Entscheidung eines deutschen Fachgerichts daraufhin sei, ob bei der Anwendung des Unionsrechts den Unionsgrundrechten genüge getan wurde, könne sich das Bundesverfassungsgericht nicht aus der Grundrechtsprüfung zurückziehen, sondern es gehöre nunmehr zu seinen Aufgaben, Grundrechtsschutz am Maßstab der Unionsgrundrechte zu gewährleisten.[25]

I. Verlustängste als Motiv

Recht offenherzig benennt der Senat die Motivation, die hinter dieser kopernikanischen Wende steht.[26] Die Richterinnen und Richter des Ersten Senats plagen Verlustängste – *Sigmund Freud* hätte wohl seine Freude daran gehabt:

Es geht um die Vermeidung des (relativen) Bedeutungsverlusts des Gerichts, der in Bereichen vollharmonisierten Unionsrechts sukzessiv eintritt, wenn man daran festhält, Prüfungs- und Entscheidungsmaßstab in Verfassungsbeschwerden nach Art. 93 Abs. 1 Nr. 4a GG seien allein die Grundrechte (und grundrechtsgleichen Rechte) des Grundgesetzes.

Eine solcher Trend zur Vollharmonisierung kann gegenwärtig nicht nur im Datenschutzrecht, sondern u.a. auch im Flüchtlingsrecht beobachtet werden, das der Regelung des Art. 16a GG kaum mehr einen praktisch relevanten Anwendungsbereich belässt.[27] Ein weiteres einschlägiges Beispiel dürfte das durch detaillierte Richtlinien harmonisierte Regulierungsrecht auf den Gebieten der Telekommunikation und Energiewirtschaft bilden, das den Grundrechten

---

24 BVerfGE 152, 216 (Ls. 1).

25 BVerfGE 152, 216 (237 Rn. 52).

26 BVerfGE 152, 216 (240 Rn. 60).

27 Zur Überlagerung des Asylgrundrechts durch das EU-Flüchtlingsrecht vgl. nur *Jarass*, in: Jarass/Pieroth, GG, 17. Aufl. 2022, Art. 16a Rn. 3 f. m.w.N.

des Grundgesetzes (insbesondere Art. 12, Art. 14 GG) ebenfalls nur noch eher begrenzte Wirkungschancen belässt.[28]

So gesehen gab es aus der Perspektive des Gerichts im Grunde nur wenige Optionen, den eigenen Bedeutungsverlust zu begrenzen:

Eine Reaktivierung des alten Solange-Vorbehalts wäre zwar theoretisch denkbar, angesichts der überaus hohen Hürden, die für eine solche Reaktivierung seit der Bananenmarkt-Entscheidung aufgestellt worden sind,[29] jedoch nicht plausibel gewesen.[30]

Andere denkbare Optionen, wie eine Adaption der sog. Görgülü-Konstruktion zu den Garantien der EMRK[31] oder eine Übertragung des Ansatzes, den das Bundesverfassungsgericht für die Kompetenzen der Landesverfassungsgerichte bei der Kontrolle der Anwendung von Bundesprozessrecht durch Landesgerichte am Maßstab der Landesgrundrechte entwickelt hat,[32] auf sich selbst, diesmal in Relation zu Grundrechtecharta und EuGH,[33] stoßen sich aus Sicht des Bundesverfassungsgerichts ebenfalls am Anwendungsvorrang des supranationalen Unionsrechts und der damit einhergehenden Verdrängung der nationalen Grundrechte.

Dass der Erste Senat des Bundesverfassungsgerichts vor diesem Hintergrund die Option einer Erweiterung der im Rahmen einer Verfassungsbeschwerde nach Art. 93 Abs. 1 Nr. 4a GG rügefähigen Rechte auf die Rechte der Grundrechtecharta gewissermaßen als „alternativlos" betrachtet und diesen Weg einschlagen möchte, mag – so betrachtet – verständlich erscheinen.

II. Zweifelhafte dogmatische Grundlage

Mehr als prekär steht es indes um das dogmatische Fundament für diesen Neuansatz:[34]

---

28 So die Einschätzung von *Gärditz,* Grundrechts-Mobile statt starrer Kompetenzschichten, Beitrag auf verfassungsblog.de v. 19.01.2020.

29 Vgl. BVerfGE 102, 147 (162 ff.); 118, 79 (95 ff.); 129, 186 (199).

30 So auch *Breuer,* Wider das Recht auf Vergessen … des Bundesverfassungsgerichts, Beitrag auf verfassungsblog.de v. 03.12.2019.

31 Vgl. BVerfGE 111, 307 (329 f.); 148, 296 (342 Rn. 109).

32 Vgl. BVerfGE 96, 345 (364 ff.); dazu auch *Rozek,* in: Merten/Papier, HGR, Bd. III, 2009, § 85 Rn. 19 ff. m.w.N.

33 Für einen solchen Transfer *Detterbeck,* JZ 2021, 593 (599 f.).

34 Zur verbreiteten Kritik am methodischen Ansatz des BVerfG s. auch *Detterbeck,* JZ 2021, 593 (598): „Ultra-vires-Akt"; *Wolff,* BayVBl. 2020, 119 (123): „gewaltfreier Staatsstreich"; *Kämmerer/Kotzur,* NVwZ 2020, 177 (181): „verfassungsdogmatische Alchemie"; *E. Klein,* DÖV 2020, 341 ff.; *Edenharter,* DÖV 2020, 349 ff.; *Hwang,* Der

Der Senat macht geltend, seine Prüfungskompetenz für die Unionsgrundrechte sei geboten, um eine Schutzlücke hinsichtlich der fachgerichtlichen Anwendung der Unionsgrundrechte zu schließen,[35] und folge „aus Art. 23 Abs. 1 GG in Verbindung mit den grundgesetzlichen Vorschriften über die Aufgaben des Bundesverfassungsgerichts im Bereich des Grundrechtsschutzes".[36]

1. Vermeintliche Rechtsschutzlücke

Dogmatischer Aufhänger ist also eine angebliche Rechtsschutzlücke, die daraus resultieren soll, dass sich der Rechtsschutz in Grundrechtsangelegenheiten auf Unionsebene infolge der Ausgestaltung des Vorabentscheidungsverfahrens nach Art. 267 AEUV anders darstellt als dies auf nationaler Ebene aufgrund der Verfassungsbeschwerde der Fall ist:[37]

Während im Rahmen einer Verfassungsbeschwerde nach Art. 93 Abs. 1 Nr. 4a GG sowohl die gesetzliche Grundlage als auch deren Anwendung auf ihre Verfassungsmäßigkeit hin überprüft werden kann, kann der EuGH im Vorabentscheidungsverfahren nach Art. 267 AEUV immer nur zur Gültigkeit von Sekundärrecht (vgl. Art. 267 Abs. 1 lit. b, 1. Alt. AEUV) oder zur Auslegung von (primärem oder sekundärem) Unionsrecht (vgl. Art. 267 Abs. 1 lit. a bzw. Abs. 1 lit. b, 2. Alt. AEUV) befragt werden.[38] Die Anwendung des abstrakten rechtlichen Maßstabs auf den konkreten Fall bleibt hingegen anschließend Sache des vorlegenden Gerichts.

In einem Szenario, in dem das Bundesverfassungsgericht auf eine Grundrechtskontrolle allein am Maßstab der Grundrechte des Grundgesetzes beschränkt bleibt, haben in vollharmonisierten Bereichen die Fachgerichte, genauer gesagt: die obersten Gerichtshöfe des Bundes, in Fragen der Anwendung

---

Staat 62 (2023), 1 (12 ff.); *Hillgruber/Goos,* Verfassungsprozessrecht, 5. Aufl. 2020, Rn. 1172; *Drossel,* in: Burkiczak/Dollinger/Schorkopf, BVerfGG, 2. Aufl. 2022, § 90 Rn. 92 m.w.N.; affirmativ hingegen etwa *Wendel,* JZ 2020, 157 ff.; *Kühling,* NJW 2020, 275 ff.; *Scheffzyck,* NJW 2020, 977 ff.; *Hoffmann/Heger,* EuGRZ 2021, 1 (7 f.), *Britz,* NJW 2021, 1489 (1493 ff.); *Di Fabio,* AöR 148 (2023), 50 (54); im Ergebnis auch *Herbert Bethge,* NZWiSt 2022, 134 (135 f.).

35 BVerfGE 152, 216 (240 f. Rn. 60 f.).

36 BVerfGE 152, 216 (238 Rn. 53).

37 Vgl. BVerfGE 152, 216 (242 Rn. 65).

38 Näher zum Gegenstand der Vorabentscheidung *Kotzur/Dienelt,* in: Geiger/Khan/Kotzur/Kirchmair, EUV/AEUV, 7. Aufl. 2023, AEUV Art. 267 Rn. 6 ff.

der Unionsgrundrechte – im Rahmen der Bindung an die Vorabentscheidung des EuGH – das letzte Wort.

Aber: Stellt das wirklich eine veritable Rechtsschutzlücke dar oder ist dies nicht schlicht die Konsequenz einer Verfahrensgestaltung, wie sie im europäischen Primärrecht durchaus bewusst und gewollt geregelt worden ist?

Längst nicht alle EU-Mitgliedstaaten verfügen über spezialisierte Verfassungsgerichte, in solchen Staaten ist das letzte Wort der Fachgerichte also keineswegs etwas Ungewöhnliches, geschweige denn eine Rechtsschutzlücke.[39] Das europäische Grundrechtswesen muss nicht an der deutschen Verfassungsbeschwerde genesen. Eine fehlende Involvierung des Bundesverfassungsgerichts in den Grundrechtsdialog auf europäischer Ebene zwischen mitgliedstaatlichen Fachgerichten und EuGH ist aus unionsrechtlicher Sicht nicht problematisch.

Das Unionsrecht belässt die innerstaatliche Verteilung gerichtlicher Kontrollkompetenzen durch Gerichtsverfassungs- und Rechtsmittelrecht der Autonomie der Mitgliedstaaten, wobei sich Untergrenzen für die Ausgestaltung durch die Mitgliedstaaten lediglich aus dem Effektivitäts- und Äquivalenzgrundsatz ergeben.[40] Der von Art. 19 Abs. 1 UAbs. 2 EUV und Art. 47 GRCh verlangten Einrichtung nationaler Gerichte zur Durchsetzung der Unionsgrundrechte wird bereits durch die bestehenden deutschen Fachgerichte entsprochen, die jeden nationalen Rechtsakt, der in Durchführung von Unionsrecht (Art. 51 Abs. 1 GRCh) ergeht, am Maßstab der Grundrechtecharta messen können (und ggf. müssen).[41] Zu besorgende Rechtsschutzlücken bestehen daher insoweit nicht.

Ebenso wenig tritt ein verfassungsrechtlich unerträglicher oder verfassungswidriger Zustand ein, wenn das Bundesverfassungsgericht in Fragen der Anwendung der Grundrechtecharta in Bereichen vollharmonisiertem Unionsrechts als intermediäre Instanz zwischen Fachgerichtsbarkeit und EuGH aus dem Spiel bleibt.

Das Grundgesetz garantiert bekanntlich im Allgemeinen keinen Rechtsschutz gegen den Richter: Die Rechtsprechung fällt nicht unter die öffentliche Gewalt im Sinne des Art. 19 Abs. 4 GG, der auf Rechtsschutz durch den Richter gegen die vollziehende öffentliche Gewalt gerichtet ist.[42] Verfassungsrechtlich verbürgt

---

39 So zu Recht *Breuer*, Wider das Recht auf Vergessen … des Bundesverfassungsgerichts, Beitrag auf verfassungsblog.de v. 03.12.2019.

40 Vgl. nur *Jarass*, GRCh, 4. Aufl. 2021, Art. 47 Rn. 21 m.w.N.

41 So zu Recht *Gärditz*, Grundrechts-Mobile statt starrer Kompetenzschichten, Beitrag auf verfassungsblog.de v. 19.01.2020.

42 BVerfGE 76, 93 (98); 107, 395 (403 f.); 112, 185 (197); 138, 33 (39 Rn. 17); *Jarass* (Fn. 27), Art. 19 Rn. 52 m.w.N.

ist ferner im Grundsatz lediglich eine einmalige gerichtliche Entscheidung; ein Instanzenzug ist weder über Art. 19 Abs. 4 GG noch über das allgemeine Rechtsstaatsprinzip garantiert.[43]

Eine eng begrenzte Ausnahme hiervon statuiert Art. 93 Abs. 1 Nr. 4a GG im Fall einer Urteilsverfassungsbeschwerde. Denn insofern steht für Grundrechtsfragen im Rahmen dieses außerordentlichen Rechtsbehelfs[44] zwar eine weitere Instanz in Gestalt des Bundesverfassungsgerichts zur Verfügung. Die Verfassungsbeschwerde ist jedoch kein zusätzlicher Rechtsbehelf zum fachgerichtlichen Verfahren, der sich diesem in gleicher Funktion anschlösse, sondern eine besondere Vorkehrung zur Durchsetzung von Grundrechten und grundrechtsgleichen Rechten.[45] Der unmittelbare Zusammenhang mit den enumerativ aufgeführten grundrechtsgleichen Rechten (Art. 20 Abs. 4, 33, 38, 101, 103 und 104 GG) lässt dabei keinen Zweifel aufkommen, dass mit den in Art. 93 Abs. 1 Nr. 4a GG und § 90 Abs. 1 BVerfGG genannten „Grundrechten" allein die in den Art. 1–19 GG garantierten Rechte gemeint sind.[46] Hat die Verfassungsbeschwerde Erfolg, stellt das Gericht gemäß § 95 Abs. 1 S. 1 BVerfGG fest, welche Vorschrift des Grundgesetzes (!) verletzt wurde. Das Verfassungsbeschwerdeverfahren dient – wie das Plenum des Bundesverfassungsgerichts zutreffend betont hat – nur der Überprüfung auf *Verfassungsverstöße*.[47] Dort, wo ausnahmsweise nicht das Grundgesetz verfassungsgerichtlicher Prüfungs- und Entscheidungsmaßstab ist, machen Grundgesetz und Bundesverfassungsgerichtsgesetz dies im Übrigen explizit deutlich (vgl. Art. 93 Abs. 1 Nr. 4, 3. Var. GG i.V.m. §§ 71 Abs. 1 Nr. 3, 72 Abs. 2 S. 1 BVerfGG; Art. 99 GG i.V.m. § 74 BVerfGG).

2. *Integrationsverantwortung nach Art. 23 Abs. 1 GG als kompentenzieller deus ex machina?*

Dogmatisch unhaltbar ist die These des Ersten Senats, der Integrationsverantwortung nach Art. 23 Abs. 1 GG käme ein insoweit kompetenzbegründender Charakter zu.[48]

---

43 Vgl. BVerfGE 87, 48 (61); 92, 365 (410); 107, 395 (401 f.); 136, 382 (392 Rn. 32); *Jarass* (Fn. 27), Art. 19 Rn. 66 u. Art. 20 Rn. 131 jeweils m.w.N.

44 Zum Charakter der Verfassungsbeschwerde als eines außerordentlichen Rechtsbehelfs BVerfGE 94, 166 (213 f.); 107, 395 (413 f.); *Herbert Bethge* (Fn. 4), § 90 (Februar 2018) Rn. 23, 62, 378, 385.

45 BVerfGE (Plenum) 107, 395 (413 f.).

46 Ebenso *Detterbeck*, JZ 2021, 593 (595, 598).

47 BVerfGE (Plenum) 107, 395 (414) – Hervorhebung nur hier.

48 BVerfGE 152, 216 (238 f. Rn. 53 ff.).

Der Verfassungsauftrag zur Mitwirkung an der europäischen Integration des Art. 23 Abs. 1 S. 1 GG thematisiert keine Kompetenzen des Bundesverfassungsgerichts. Eine Kompetenzextension zugunsten des Bundesverfassungsgerichts ergibt sich auch nicht aus der in Folge einer Übertragung von Hoheitsgewalt nach Art. 23 Abs. 1 S. 2, 3 GG entstehenden Verantwortung aller Verfassungsorgane, die Entwicklung der Integration, auch im Hinblick auf die Nutzung der übertragenen Hoheitsgewalt, zu begleiten und zu kontrollieren.[49] Diese sog. Integrationsverantwortung verpflichtet die Verfassungsorgane, *im Rahmen ihrer jeweiligen Kompetenzen* für die fortwährende Beachtung der verfassungsrechtlichen Bedingungen und Grenzen der EU nach Art. 23 Abs. 1 GG zu sorgen und damit auf die Einhaltung des Integrationsprogramms zu achten.[50] Die Integrationsverantwortung bringt Beobachtungs- und Schutzpflichten der Verfassungsorgane für das aus Art. 38 Abs. 1 i.V.m. Art. 20 Abs. 2 GG fließende sog. Grundrecht auf Demokratie mit sich,[51] darüber hinaus Einwirkungspflichten, damit EU-Institutionen das Integrationsprogramm nicht überschreiten.[52] Bei Fehlentwicklungen können sich die Einwirkungspflichten zu konkreten Handlungspflichten verdichten, z.B. der Pflicht, einem Ultra-vires-Handeln einer EU-Institution entgegenzutreten und auf dessen Aufhebung hinzuwirken.[53] Ferner können Umsetzungshandlungen zu unterlassen und die innerstaatlichen Wirkungen eines Ultra-vires-Handeln der EU möglichst einzugrenzen sein.[54]

Im Rahmen von Verfassungsbeschwerden nach Art. 93 Abs. 1 Nr. 4a GG können dabei Rechtsakte des Sekundärrechts nicht als unmittelbarer Beschwerdegegenstand, sondern nur als *Vorfrage* Gegenstand der Prüfung durch das Bundesverfassungsgericht sein, wenn sie entweder Grundlage von Handlungen deutscher Staatsorgane sind oder aus der Integrationsverantwortung folgende

---

49 Grundlegend zur Integrationsverantwortung BVerfGE 123, 267 (356); s. ferner BVerfGE 142, 216 (207 ff. Rn. 163 ff.); instruktiv zur Entwicklung dieser Rechtsfigur in der Verfassungsrechtsprechung *Weiß*, JuS 2018, 1046 (1047 f.); *Voßkuhle*, JuS 2019, 417 (419 f.).

50 Zur Wahrnehmung der Integrationsverantwortung (nur) im Rahmen der bestehenden Kompetenzen der Verfassungsorgane BVerfGE 142, 123 (208 Rn. 165); *Jarass* (Fn. 27), Art. 23 Rn. 11; speziell für den Bereich der Gesetzgebung auch *Rozek*, in: v. Mangoldt/Klein/Starck, GG, Bd. 2, 7. Aufl. 2018, Art. 70 Rn. 10; a.A. offenbar *Herbert Bethge*, NZWiSt 2022, 134 (136).

51 BVerfGE 142, 123 (208 f. Rn. 165 f.); *Weiß*, JuS 2018, 1046 (1049).

52 BVerfGE 142, 123 (211 Rn. 170); *Weiß*, JuS 2018, 1046 (1049).

53 Vgl. BVerfGE 142, 123 (212 Rn. 172); *Weiß*, JuS 2018, 1046 (1049).

54 Vgl. BVerfGE 142, 123 (207 Rn. 162 u. 211 Rn. 170); *Weiß*, JuS 2018, 1046 (1049).

Handlungs- und Unterlassungspflichten deutscher Verfassungsorgane auslösen.[55] Insofern prüft das Bundesverfassungsgericht *mittelbar* – im Wege der Inzidentkontrolle – auch Maßnahmen von Organen, Einrichtungen und sonstigen Stellen der EU daraufhin, ob sie durch das Integrationsprogramm gedeckt sind oder gegen die der Mitgliedschaft Deutschlands in der Europäischen Union durch das Grundgesetz sonst gezogenen Grenzen verstoßen.[56]

Mit der Klarstellung, dass Unionsakte nicht unmittelbarer Beschwerdegegenstand einer Verfassungsbeschwerde sein können,[57] beachtet das Bundesverfassungsgericht in puncto *Beschwerdegegenstand* einer Verfassungsbeschwerde die ihm durch Art. 93 Abs. 1 Nr. 4a GG gezogenen Kompetenzgrenzen gerade auch vor dem Hintergrund, dass weder der verfassungsändernde noch der einfache Gesetzgeber (vgl. Art. 93 Abs. 3 GG) die Anregung des Gerichts aus dem Lissabon-Urteil[58] aufgegriffen haben, ein speziell auf die Ultra-vires- und Identitätskontrolle zugeschnittenes verfassungsgerichtliches Verfahren einzuführen.

Die Kontrollfunktionen des Bundesverfassungsgerichts erweisen sich eben auch insofern strikt verfassungs- und gesetzesdeterminiert; der Verfassungshüter hat sich an die enumerativen Kompetenzzuweisungen des Grundgesetzes und des Bundesverfassungsgerichtsgesetzes zu halten.[59] Das Bundesverfassungsgericht darf sich selbst keine neuen Zuständigkeiten zulegen oder die vorhandenen Zuständigkeiten im Wege der Analogie ausweiten;[60] dies gilt selbst bei einem noch so dringenden rechtspolitischen Bedürfnis.[61]

In puncto *Entscheidungsmaßstab* der Verfassungsbeschwerde hat sich das Bundesverfassungsgericht nunmehr jedoch weit hiervon entfernt, worüber auch die Berufung auf die Integrationsverantwortung nicht hinwegtäuschen kann:

Die Integrationsverantwortung verbindet Kompetenz mit Verantwortung;[62] sie begründet jedoch keine neuen Kompetenzen der Verfassungsorgane. Die Verantwortung für die Verfassungskonformität der europäischen Integration ist von den Verfassungsorganen vielmehr im Rahmen ihrer bestehenden

---

55 BVerfGE 142, 123 (180 Rn. 98 f.); 151, 202 (279 Rn. 101).

56 BVerfGE 142, 123 (180 Rn. 99) m.w.N.

57 BVerfGE 142, 123 (179 Rn. 97); 151, 202 (283 f. Rn. 112); 154, 17 (83 Rn. 93); kritisch *Detterbeck* (Fn. 20), Art. 93 Rn. 26.

58 BVerfGE 123, 267 (355).

59 Treffend *Herbert Bethge* (Fn. 4), Vorbemerkung (Februar 2016) Rn. 19 u. 24 f.

60 BVerfGE 1, 396 (408); 2, 143 (150); 21, 52 (53 f.); 117, 277 (376); 142, 25 (65 Rn. 109).

61 BVerfGE 22, 293 (298).

62 Vgl. *Weiß*, JuS 2018, 1046 (1047); *Schwanengel*, DÖV 2014, 93 (97).

Kompetenzen wahrzunehmen.[63] Ebenso wie die Prinzipien der Bundestreue[64] und der Verfassungsorgantreue[65] schafft auch die Integrationsverantwortung keine neuen Kompetenzen, sondern ihr eignet gleichfalls lediglich eine kompetenzmoderierende und -modifizierende Wirkung.

Die These des Ersten Senats, im Bereich der Anwendung vollständig vereinheitlichten Unionsrechts nehme das Gericht gemäß Art. 23 Abs. 1 S. 1 GG seine Integrationsverantwortung wahr, wenn es die Rechte der Grundrechtecharta zum Entscheidungsmaßstab im Rahmen der Verfassungsbeschwerde nach Art. 93 Abs. 1 Nr. 4a GG mache,[66] ist mithin nichts anderes als eine klassische *petitio principii*:

Entweder diese Prüfungs- und Entscheidungskompetenz steht dem Bundesverfassungsgericht bereits gemäß Art. 93 Abs. 1 Nr. 4a GG zu, dann bedarf es zum Kompetenznachweis keiner zusätzlichen Berufung auf die Integrationsverantwortung, oder dies ist nicht der Fall, dann vermag auch der Verweis auf die Integrationsverantwortung keine entsprechende Kompetenz neu zu begründen.

Art. 23 Abs. 1 GG vermag den grundgesetzlich und einfachgesetzlich fest umrissenen Prüfungs- und Entscheidungsmaßstab nicht auszudehnen; die Bestimmung verleiht dem Bundesverfassungsgericht auch keine entsprechende Kompetenz-Kompetenz.[67]

Die Befürchtung des Ersten Senats des Bundesverfassungsgerichts, im Dialog zwischen Fachgerichten und EuGH zu einem Zaungast in Grundrechtsfragen zu werden,[68] entfaltet ebenso wenig eine kompetenzschaffende Wirkung. Furcht ist im Übrigen nicht immer ein guter Ratgeber. Gleiches gilt in Bezug auf den „horror pleni", der den Ersten Senat von der eigentlich nach § 16 Abs. 1 BVerfGG gebotenen Anrufung des Plenums des Bundesverfassungsgerichts hat absehen lassen.[69]

Wer den Topos des „Verfassungsgerichtsverbundes im Mehrebenensystem" nicht nur als Deskription eines Kooperationsverhältnisses[70] im Rahmen

---

63 Vgl. BVerfGE 142, 123 (208 Rn. 165); *Jarass* (Fn. 27), Art. 23 Rn. 11.

64 Vgl. BVerfGE 81, 310 (337); 133, 241 (271 Rn. 87); 139, 321 (353 Rn. 101); *Sachs*, in: Sachs, GG, 9. Aufl. 2021, Art. 20 Rn. 70 m.w.N.

65 Vgl. BVerfGE 89, 155 (191); 90, 286 (336); 119, 96 (126).

66 BVerfGE 152, 216 (238 Rn. 53).

67 Ebenso *Detterbeck* (Fn. 20), Art. 93 Rn. 27b.

68 BVerfGE 152, 216 (240 ff. Rn. 60 ff.).

69 Vgl. BVerfGE 152, 216 (249 f. Rn. 85 ff.) mit wenig überzeugender Verneinung der Anrufungspflicht.

70 Den Begriff des „Kooperationsverhältnisses" zur Umschreibung der Beziehung zwischen BVerfG und EuGH hat das BVerfG erstmals im „Maastricht-Urteil" von 1993

bestehender richterlicher Kompetenzen betrachtet,[71] wird hier womöglich anderer Ansicht sein, ebenso diejenigen, die eher ergebnisorientiert der Ansicht sind, eigentlich sei es doch uneingeschränkt befürwortenswert, dass sich das Bundesverfassungsgericht mit dieser Entscheidung in kooperationswilligem Trilog mit EuGH und EGMR in ein gesamteuropäisches Grundrechts-Mobile einbringe, um dem Grundrechtsbürger die Verfassungsbeschwerde auch in durch das Unionsrecht vollharmonisierten Rechtsbereichen zu erhalten.[72]

Und schließlich mag man sich ja noch auf den Satz berufen: „The Constitution is what the judges say it is."

Daran ist richtig, dass das Grundgesetz dem Bundesverfassungsgericht die Rolle des letztverbindlichen Interpreten der Verfassung zuweist.[73] Trotz seiner Unabhängigkeit ist das Gericht hierbei jedoch nicht frei; vielmehr ist sein Handeln rechtfertigungsbedürftig. Für die Verfassungsrechtsprechung rückt insoweit unter Rationalitätsgesichtspunkten die Methodik der Verfassungsauslegung in den Fokus.[74]

Und in dieser methodischen Hinsicht – manche Kritiker halten dem Bundesverfassungsgericht nicht erst seit gestern vor, es sei ein „entgrenztes Gericht"[75] – vermag die Entscheidung aus den genannten Gründen nicht zu überzeugen. Das Gericht degradiert nebenbei auch sein eigenes Prozessrecht zur *quantité négligeable*, wenn es in einem Nachsatz ebenso schlicht wie unzutreffend ausführt,

---

eingeführt; vgl. BVerfGE 89, 155 (Ls. 7, 175, 178); s. zur Genese dieses Begriffs eingehend *Lang,* Der Staat 60 (2021), S. 99 (101 ff.).

71 Tendenziell weitergehend wohl BVerfGE 152, 216 (236 Rn. 50); 156, 182 (198 Rn. 38). Zu Recht skeptisch gegenüber diesem Topos *Herbert Bethge* (Fn. 4), Vorbemerkung (Februar 2016) Rn. 229a.

72 In dieser Richtung etwa *Wendel,* JZ 2020, 157 (162 ff.); *Hoffmann/Heger,* EuGRZ 2021, 1 (S. 6 ff.); *Voßkuhle,* EuGRZ 2022, 598 (600); wohl nicht ganz unberechtigte Zweifel an der Kooperationswilligkeit des BVerfG hegen demgegenüber *Kämmerer/Kotzur,* NVwZ 2020, 177 (181 ff.); *Hwang,* Der Staat 62 (2023), 1 (11 ff.).

73 Vgl. nur BVerfGE 40, 88 (93 f.); *Herbert Bethge* (Fn. 4), Vorbemerkung (Februar 2016) Rn. 3, 23, 155; *Voßkuhle,* JuS 2019, 417 (422).

74 Treffend *Voßkuhle,* JuS 2019, 417 (423).

75 Vgl. *Jestaedt/Lepsius/Möllers/Schönberger,* Das entgrenzte Gericht, 3. Aufl. 2019, passim.

die Prüfung anhand der Unionsgrundrechte lasse sich auch ohne Schwierigkeiten auf der Grundlage des geltenden Prozessrechts der §§ 90 ff. BVerfGG durchführen.[76]

Ob das Bundesverfassungsgericht auch in Regelungsbereichen, die unionsrechtlich vollharmonisiert worden sind, im Konzert der europäischen Gerichte mit einer eigenen Stimme vertreten sein soll, ist in Wahrheit eine verfassungs*politische*, keine verfassungs*rechtliche* Frage. Für die Beantwortung dieser im Übrigen mit weitreichenden Konsequenzen verbundenen Frage[77] ist auch unter gewaltenteiligen Aspekten nicht ein sich selbst entgrenzendes Verfassungsgericht, das sich zum obersten nationalen Hüter der Unionsgrundrechte bestellt, sondern der (verfassungsändernde) Gesetzgeber aufgerufen.[78]

D. Fazit

Es heißt, Verfassungsinterpretation sei immer ein Wagnis.[79] Der Erste Senat des Bundesverfassungsgerichts hat dieses Wagnis dieses Mal nicht bestanden. Die vom Bundesverfassungsgericht postulierte Kompetenzextension pro domo ist ein manifester Ultra-vires-Akt:[80] Sie ist offensichtlich vom geltenden Verfassungs- und Verfassungsprozessrecht nicht gedeckt und führt zu einer strukturell bedeutsamen Kompetenzüberschreitung des Bundesverfassungsgerichts. Am Ende muss in Anlehnung an ein bekanntes Märchen deshalb das Fazit stehen: „Der Spruchkörper hat – kompetenziell betrachtet – ja gar nichts an!" Darf man das vergessen?

---

76 BVerfGE 152, 216 (243 Rn. 67 a.E.). Demgegenüber die kompetenzbegründende und -begrenzende Funktion des Verfassungsprozessrechts hervorhebend *Herbert Bethge* (Fn. 4), Vorbemerkung (Februar 2016) Rn. 202.

77 Dazu näher *E. Klein*, DÖV 2020, 341 (346 f.); *Detterbeck*, JZ 2021, 593 (595 f.).

78 So im Ergebnis auch *Barczak*, in: Barczak, BVerfGG, 2018, Einleitung Rn. 90; *Hillgruber/Goos* (Fn. 34), Rn. 1172.

79 So *Voßkuhle*, JuS 2019, 417 (423).

80 Ebenso *Detterbeck* (Fn. 20), Art. 93 Rn. 27b; *Hwang*, Der Staat 62 (2023), 1 (15).

Heinrich Oberreuter

Die Freiheit des Wortes

1. Umstrittene Öffentlichkeit: Macht und Recht

„Das Ende der Worte ist erreicht.“ So lautet die dramatische Antwort zweier türkischer Intellektueller, vom Hungerstreik geschwächt, auf den Rat, ihren Streik doch abzubrechen angesichts seines hohen Risikos. Aber für beide zählt nur noch die Tat.[1]) Das Ende der Worte verstehen sie als eine Antwort auf den Verlust der Freiheit des Wortes – und der Freiheit der Gedanken, lässt sich hinzufügen. Das Ende der Worte ist ein Signal gegen den Anspruch der Macht zur ideologischen Durchformung von Staat und Gesellschaft und zur exklusiven Besetzung der Köpfe gegen ihren freien Willen. Um die Köpfe zu besetzen, muss die Macht die Öffentlichkeit möglichst reinigen – von individuellen Rechten, Meinungen und Informationsansprüchen. Es bedarf eines Gleichtaktes der öffentlich artikulierbaren Positionen mit ihren Interessen. Unabhängigkeit der Medien (übrigens auch der Bildung, der Wissenschaft und der Geschichtsinterpretation) wird zum Ärgernis. Und sie wird bekämpft. Dieser „Krieg gegen die Medien“[2]) zielt ab auf die Zerstörung objektiver Berichterstattung, auf die Kriminalisierung von Journalisten, auf vollständige Kontrolle der Medien, der Öffentlichkeit sowie schlechthin der freien Meinungsäußerung.

Das türkische Beispiel mag in unserer weiteren und engeren Nachbarschaft derzeit das augenfälligste, zügelloseste und sich am konsequentesten fortsetzende sein, unterstützt durch eine politisierte Justiz. Doch es steht nicht einmal in seinen religionspolitischen Motiven allein. Ähnliches findet sich auch in Polen (wo die Verfassung immerhin auch andere als explizit christliche Quellen universeller Werte anerkennt, die Mehrheitspartei PiS aber eher nicht), Ungarn (wo ähnlich konservativ-nationalistische, selbst so definierte „illiberale“ Ansprüche dominieren) und Russland (wo das Bündnis von Thron und orthodoxem Altar unter Berufung auf „traditionelle Werte“ seit langem wiederbelebt ist und der Glauben an Gott gerade verbindlich Einzug in Putins neue Verfassung hält). Auch China begnügt sich nicht nur mit neuzeitlicher Ideologie, sondern ruft das alte Reich

---

1 *Bülent Mumay,* Brief aus Istanbul: Türkische Polizei beschlagnahmt Bücher, FAZ 10.05.2017.

2 *Yavuz Baydar,* Krieg gegen die Medien, SZ 21.06.2016.

und das „Mandat des Himmels“ an, unter dessen harmonisierendem Weltmodell alles auf das Reich der Mitte ausgerichtet und Peking zum allgemeinen Besten Zentrum der globalen menschlichen Schicksalsgemeinschaft geworden ist.[3]) Weltanschauungs- und Herrschaftsmonopol und die Instrumentalisierung des Rechts zu ihren Diensten vertragen keine individuelle Freiheit. Ihrer Logik entsprechen Kontrolle und Indienstnahme der Medien, z.B. durch die Förderung von Eingriffen in die Besitzverhältnisse, durch die Besetzung und Beherrschung der Personalstrukturen sowie durch wachsweiche rechtliche Vorgaben, welche geradezu willkürliche Staatseingriffe ermöglichen – selbst in EU-Staaten. Zensur im Netz tritt hinzu.[4]) China und Russland erstreben inzwischen sogar die Internationalisierung ihrer Sichtweisen. Sie investieren weltweit Millionen in instrumentalisierte Medien und Kanäle, nicht nur um selbst zu bestimmen, wie die Welt über sie spricht und denkt, sondern auch um die Politik andernorts konkret und manipulativ zu beeinflussen. China arbeitet an einer neuen Weltordnung der Medien, stellte Reporter ohne Grenzen 2019 fest. Kritischen Medien in Skandinavien droht es mit der „Faust Pekings“.[5]) Opfer solcher verbreiteter Sichtweisen sind stets Meinungsfreiheit und Pluralität; mit ihnen sind es Institutionen politischer, rechtlicher und kommunikativer – medialer – Kontrollen.

Macht und Öffentlichkeit, politisches System und Kommunikationssystem stehen seit je in einem unauflöslichen Verhältnis. Kant z.B. galt Öffentlichkeit als Medium der Vernunft, in welchem Recht, Politik, Zustimmung und Bestreitung der Macht zu begründen sind.[6]) Die herrschende Kommunikationsordnung ist noch immer eines der wichtigsten Kriterien zur Unterscheidung politischer Systeme. Dieser Zusammenhang ist positiv wie negativ von Caesar, Friedrich dem Großen und Napoleon über die Aufklärung und auch die Totalitären im 20. Jahrhundert bis heute stets bewusst gewesen – und geblieben. Aus gutem Grund hat das Bundesverfassungsgericht in einer frühen grundlegenden Entscheidung die

---

3 *Zhao Tingyang,* Alles unter dem Himmel. Vergangenheit und Zukunft der Weltordnung, Berlin 2020; *Peter Buchas, Walter Feichtinger, Doris Vogel* (Hrsg.), Chinas Grand Strategy im Wandel, Wien 2019.

4 Siehe z.B. *Kristin Shi-Kupfer,* Meinungsmacht und Meinungsmacher – Wie Chinas Regierung und Bevölkerung um Einfluss in Sozialen Medien ringen, in: Totalitarismus und Demokratie 2019/H. 2, S. 161–175.

5 *Kai Strittmatter,* Neue Grenzen zu China zeichnen sich ab. Dänische Karikatur löst diplomatische Kritik aus, in: SZ 30.01.2020.

6 Dazu *Volker Gerhardt,* „Öffentlichkeit“. Die politische Form des Bewusstseins, München 2012.

Kommunikationsfreiheit als „schlechthin konstituierend“[7]) für eine freie Demokratie erachtet. Schon die Paulskirchenversammlung wusste das, erhob sie doch erstmals 1848 die Pressefreiheit zum Verfassungsrang; die Pressefreiheit, die nach dem Urteil von Zeitgenossen mit dem Parlamentarismus zusammengehörte „wie die himmlischen Zwillinge“ Castor und Pollux[8]): ein in der deutschen Verfassungsgeschichte früher Beleg für den Konnex von liberalem Staat und offener Kommunikation, nach Herbert Bethge eine „symbiotische Beziehung“.[9]) In diesem elementaren Sinn sprach Karlsruhe von der „dienenden Freiheit“[10]) der Medien – dienend der Demokratie und zwar in autonomer Wahrnehmung ihrer Freiheiten, keineswegs als Fron und Disziplinierung gegenüber der Tagespolitik. Zu dieser Systemrelevanz hieß es dann 1966 im Spiegel-Urteil: „Soll der Bürger politische Entscheidungen treffen, muss er umfassend informiert sein … Die Presse verschafft die Informationen, nimmt selbst dazu Stellung und wirkt damit als orientierende Kraft in der öffentlichen Auseinandersetzung.“[11])

2. Kommunikationsfreiheit im Medienwandel

Dass 50 Jahre später andere Medien dazugekommen sind, welche die Rolle der klassischen ergänzen, sogar abschwächen und potentiell den Bürgern dem Anschein nach mehr informationelle Autonomie ermöglichen, ändert nichts am Grundsätzlichen. Nach wie vor kommt dem Journalismus die Aufgabe zu, Öffentlichkeit herzustellen sowie umfassende Vielfalt von verlässlichen Informationen und möglichst begründeten Meinungen zu vermitteln. Orientierung zu stiften, gehört dazu, wie Karlsruhe auch schon gesagt hat.

Ist diese Aufgabe nicht sogar herausfordernder geworden? Denn die berühmten „Echokammern“ im Netz zielen nicht auf generelle Öffentlichkeit. Sie befördern im Gegenteil Privatisierungs- und Fragmentierungstendenzen. Diese weichen pluralem rationalem Diskurs eher aus. Algorithmen und Bots sind weder wählbar noch rechenschaftspflichtig, jedoch einflussstark. Um Aufklärung und Orientierung geht es auch nicht in der Auseinandersetzung zwischen russischen „Trollen“ und baltischen „Elfen“. Derartige Fragmentierung und Manipulation entsprechen keineswegs der von Karlsruhe anvisierten Gemeinwohlorientierung

---

7 BVerfGE 5, 85 (205).

8 *Lothar Bucher*, Der Parlamentarismus, wie er ist, Berlin 1855, S. 280.

9 *Herbert Bethge*, Presserecht, in Staatslexikon Bd. 5, Freiburg [8]2020, Sp. 1000.

10 BVerfGE 57, 295 (320).

11 BVerfGE 20, 162 (174).

einer demokratierelevanten Kommunikation. Sie sind aber Konsequenz staatsferner Kommunikationsfreiheit, „Lebenselixier" der Demokratie[12]), die das gleiche Gericht ziemlicherweise interpretiert hat, eine Freiheit, welche zugleich regulierende staatliche Eingriffe ganz erheblich begrenzt; nach Hoffmann-Riem auch „jedwede Art der Bevormundung"[13]). Die andere Konsequenz ist, dass, wie vermutet, die Bedeutung der „klassischen" Medien eher wächst – wachsen sollte – beim Versuch, sich einer funktionierenden demokratischen Öffentlichkeit anzunähern und die Bevölkerung wieder stärker zu gewinnen für verlässliche journalistische Angebote wie z.B. sorgfältige Recherche, Faktencheck und Hintergrundbericht.

Daran schließen sich zwei Fragen an:

1. Wird auch in freiheitlichen Systemen jede Art der Bevormundung ferngehalten? Sicher nicht, wenn die oberste Macht im Staat ins hauptstädtische Pressecorps eingreift, große eigenständige Zeitungen als „fake media" diffamiert, „alternative Fakten" definiert, kritischen Journalisten mit Aggressivität begegnet, ihnen keine Antworten gewährt oder sie überhaupt von Informationen auszuschließen sucht, wie von The White House und Letzteres auch von 10 Downing Street in jüngster Zeit praktiziert. Wie um die These vom unauflöslichen Zusammenhang von politischem System und Kommunikationssystem zu beweisen, paaren sich diese Einstellungen mit einem gebrochenen Verhältnis zum Rechtsstaat – einerseits; anderseits paaren sie sich mit dem Interesse ideologisch machtnaher Medienunternehmen, demgemäß „eine wirkungsvolle Berichterstattung" im Sinne des Machthabers wahrnehmen zu wollen, nicht eine objektive. Dies in den USA, einem Staat, der 1791 mit dem ersten Amendment zur Verfassung die Freiheit der Rede und der Presse kodifiziert und seither bemerkenswert hochgehalten hatte. Das Vereinigte Königreich schließt sich dem neuerdings mit Versuchen der Entmachtung des Verfassungsgerichts wie der BBC an, die finanziell ausgeblutet werden soll.[14])

Im Gegenzug scheint in den USA investigativer Journalismus geradezu von der Kette gelassen. New York Times und Washington Post erblühen an Aktivität, Leser- und Abonnentenresonanz. Sie gewinnen auch Glaubwürdigkeit gegenüber oberflächlich recherchierenden Internetportalen. Auf der Strecke der

---

12 *Herbert Bethge,* Medienrecht, in Staatslexikon Bd. 5, Freiburg [8]2020, Sp. 1504.

13 *Wolfgang Hoffmann-Riem,* Art. 5 (Recht der freien Meinungsäußerung), Abs. 1, 2, in: Kommentar zum Grundgesetz für die Bundesrepublik Deutschland Bd. 1 Neuwied 1984, S. 494.

14 No 10 tells BBC licence fee will be scrapped, Sunday Times, 16.02.2020.

aggressiven und Öffentlichkeit autonom gestalten wollenden Amtsführung im Staat bleibt die Integration der Gesellschaft. Diese vor allem „von oben“ ausgehende Konfrontation von Macht und ihr ergebenen opportunistischen Medien einerseits sowie liberalen Medien anderseits, trägt zur verheerenden Spaltung der Gesellschaft bei. Deutschland ist sie fremd.

2. Wenn schon keine rechtliche und politische Bevormundung, um bei diesem ziemlich offenen Begriff zu bleiben, gibt es aber nicht vielleicht doch eine Art Selbstbindung, die in jüngster Zeit – schon vor der Silvesternacht von Köln – hierzulande in Wissenschaft und Praxis kritisch befragt wird? Keineswegs allein, selbst nicht in der begrifflichen Zuspitzung, z.B. von einer publizistischen Größe wie Manfred Bissinger, der 2015 schrieb, der Journalismus sei dabei „seine Wächterfunktion aufzugeben. (…) Medien werden – oft nicht zu Unrecht – als gleichgeschaltet (ja, das ist ein schreckliches Wort) empfunden.“[15]) Dies ist in der Tat ein schreckliches, auch ein unangemessenes Wort, zumal für die ins Visier genommenen Phänomene.

Zuerst ist es der Vorwurf eines politisch-medialen Komplexes aufgrund beständiger professioneller Nähe, die den Meinungskorridor beenge sowie Kritik- und Kontrollpotentiale beschneide. Die Verwandtschaft mit der in den USA seit gut zwei Jahrzehnten währenden Kritik an der „within the beltway“ (innerhalb des Washingtoner Autobahnrings) gemeinsam agierenden Medien- und Politikelite ist deutlich.[16]) Beltway, Bonner Käseglocke, Berliner Glaskuppel: Diese Begriffe stehen für Entfremdung von der Alltagsnormalität. Ist aber die Kritikfähigkeit wirklich verlorengegangen? Gegenbeweise gibt es nun in Zeiten Trumps täglich. Selbst wenn die geschilderte normative Eigenständigkeit von Medien- und Politiksystem zutrifft, erscheinen Schnittstellen unvermeidlich. Freilich dürfen sie auf beiden Seiten nicht zur Preisgabe der Autonomie führen. Ob aber ausgerechnet die Bitte der Kanzlerin an die Chefredakteure der stimmführenden Medien, in der heraufziehenden Finanzkrise 2008 keine Panik zu verbreiten, und die Tatsache, dass diese sich daran hielten, eine skandalöse Selbstpreisgabe[17]) war, lässt sich bestreiten. Eher haben beide Seiten nachvollziehbare Verantwortung wahrgenommen im Dienst an der Stabilität der Demokratie, an der sie gemeinsam – symbiotisch – Interesse haben müssen.

---

15 Zit. n. *Uwe Krüger*, Medien im Mainstream, in: APuZ 30–32/2016, S. 22.

16 *Eliot Nelson*, The Beltway Bible. A totally serious A–Z guide to our no-good, corrupt, incompetent, terrible, depressing and sometimes hilarious government, New York 2016.

17 So *Jakob Augstein*, Das ist nicht Ihr Kanzleramt! in: Süddeutsche Zeitung 22.07.2010.

Eine zweite Kritik trifft den Journalismus als selbstreferentielles System. Auch sie ist so angejahrt, wie sie lange ungehört geblieben war. Amerikanische wie deutsche Analysen sprachen schon in den 80er Jahren des verflossenen Jahrhunderts von journalistischer „Konsonanz" – in Deutschland etwa Elisabeth Noelle-Neumann[18]) und Theo Sommer, der 1982 in der ZEIT gar von „Rudeljournalismus" (amerikanisch: „pack journalism")[19]) schrieb. Heute sind die Begriffe „Fokussierung" und „Mainstream" dazugekommen.[20]) Zweifellos gehört zur dienenden Freiheit der Medien im Pluralismus die Repräsentation der Vielfalt, in einem Hochkonsenssystem vielleicht sogar die Suche nach Alternativen, speziell dann, wenn die Politik – die Macht – keine sehen will. Andererseits gibt es aber auch Faktoren der Relevanz oder der Effektivität, die im Entscheidungsverfahren auf eine Balance von relativer Vielfalt und notwendiger Fokussierung drängen. Schließlich müssen ja Ergebnisse gefunden und es muss auch regiert werden. Konformitätsdruck durch die politische Macht ist hier gewiss nicht gemeint. Generell haben aber auch sonst in der Gesellschaft fast überall Stimm- und Meinungsführer starken, oft sogar überzeugenden Einfluss.

3. Vertrauensverluste

Diese beiden Phänomene – Käseglocke und Konsonanz – wirken in dem Augenblick kritisch und vertrauenszerstörerisch, wenn in einem wesentlichen Problembereich Diskrepanzen zwischen der Bevölkerung (oder einem Teil von ihr) und konsensuell geeinter politisch-medialer Elite bestehen und wenn von daher existierende Meinungen und Werthaltungen im öffentlichen Diskurs unterrepräsentiert bleiben. Offensichtlich ist diese Ansicht mit politischen Konsequenzen vor allem in konservativ-kleinbürgerlichen und prekären Milieus der Gesellschaft verbreitet; aber nicht nur dort. Muss man die Themen überhaupt nennen? Patriotismus, Flüchtlinge, Islam, Ausländer, Euro, Minderheiten, Toleranz, Gleichstellung usw. In der Literatur finden sich dazu zwei gegenteilige Positionen. Die eine sieht „gute Gründe"[21]) oder „Verantwortungsbewusstsein"[22]),

---

18 *Elisabeth Noelle-Neumann,* Kumulation, Konsonanz und Öffentlichkeitseffekt, in: Publizistik 18 (1973), S. 26–55.

19 *Theo Sommer,* Von Machern und Wellenmachern, in: Die Zeit, 05.12.1980.

20 *Uwe Krüger,* Mainstream. Warum wir den Medien nicht mehr trauen, München 2016.

21 *Stefan Niggemeier,* Nicht nur die Welt, auch sich selbst erklären. Zur Rolle des Journalismus heute, in: APuZ 30–32/2016, S. 7.

22 *Uwe Krüger,* Medien im Mainstream – Problem oder Notwendigkeit? in: APuZ 30–32/2016, S. 24.

Informationen zu unterlassen, um Minderheiten nicht zu stigmatisieren. Die andere ist skeptisch gegenüber „einem allzu pädagogischen Berufsverständnis mancher Journalisten“ und sieht in solcher „political correctness“ eine Tendenz zur „Selbstzensur“[23]). Beide sind sich aber darin einig, dass unterbleibende Information über Realitäten Misstrauen begründet und verbreitet – speziell gegenüber den Medien, aber auch gegenüber der Politik wegen der angeblich ausgeprägt konsensuellen Zuordnung beider. Die Rezipienten erwarten von den Medien, deren Einfluss sie zu 95 % für groß und sehr groß halten, keine Volkspädagogik, sondern rückhaltlose Information (zu 78 %)[24]). Offensichtlich reklamieren die Bürger ihr unzweifelhaftes Recht, auf der Basis ungeschönter Tatsachen ihre Urteile und Positionen selbst zu finden. Sie wollen ernst genommen werden. Mündigkeit nennt man das und ersehnt es in anderen politischen Zusammenhängen. Zu ihr führt aber kaum die Suche nach einer genehmen Blase im Netz.

Zusätzlich verbreitet sich das Gefühl, man könne seine Meinung zu manchen Themen nicht mehr öffentlich, sagen, weil die Gefahr bestehe, in eine politische Schmuddelecke gestellt zu werden. „Der öffentliche Raum wird weitaus weniger mit Meinungsfreiheit assoziiert als der private Bereich“.[25]) Nur 18 % der Bevölkerung sehen die Freiheit dort ausgeprägt, 59 % dagegen im Freundes- und Bekanntenkreis, 41 % halten die Political Correctness für übertrieben. Derlei Correctness beschädigt aber die Demokratie substantiell, weil sie Vertrauen ins System unterminiert. Es geht um Öffentlichkeit. Diese soll von den Medien hergestellt und begleitet werden, um im Rahmen des rechtlich Zulässigen legitime Pluralität zu entfalten, auch wenn sie schmerzt, und nicht, um sie kanalisierend und qualifizierend zu begrenzen oder zu verweigern. Ohne öffentliches Gespräch mit den Bürgern gibt es keine Legitimität des Regierens. Medien sollten es anwaltschaftlich erzwingen.

Medien, welch ein Privileg, müssen politischem Opportunismus nicht dienen, im Gegenteil. Ein hypermoralisches Apostolat ist ebenso wenig ihre Funktion; wohl aber haben sie die Aufgabe, zwischen Bürgern und politischen Institutionen zu vermitteln. Und keineswegs ist ihre freiheitliche Wächterfunktion aufzugeben, weil Kontrolle, Faktencheck, Investigation und rationale Interpretation wichtige, unverzichtbare Beiträge zur Realisierung der Demokratie bleiben.

---

23 *Horst Pöttker*, Pressefreiheit in Deutschland. Nutzen, Grenzen, Gefährdungen, in: APuZ 30–32/2016, S. 12, 14.

24 *Renate Köcher*, Vertrauen und Skepsis – Bürger und Medien, in: FAZ 16.12.2015, S. 8.

25 *Renate Köcher*, Grenzen der Freiheit, in: FAZ 23.05.2019, S. 8.

Das freie Wort darf also kein Ende finden, weil sonst, um Herbert Bethges Hinweis auf die Symbiose zwischen beiden noch einmal aufzunehmen, die Demokratie ihr Ende fände.

Christian von Coelln

Aktuelle Herausforderungen für das bayerische Sondermodell im Rundfunk

c) Die anhängige Verfassungsbeschwerde und ihre möglichen Resultate
   aa) Ausgewählte Argumente für eine Begründetheit der Verfassungsbeschwerde
      aaa) Die fehlende Relevanz der Zuffa-Berufsfreiheit
      bbb) Die Relevanz der Rundfunkfreiheit der BLM
   bb) Die Vorlage von Art. 111a Abs. 2 S. 1 BayVerf. nach Art. 100 Abs. 1 GG als denkbare Alternative

D. Fazit

Gesetzesauszüge

BayVerf

Art. 111a [Freiheit des Rundfunks]
(1) Die Freiheit des Rundfunks wird gewährleistet. Der Rundfunk dient der Information durch wahrheitsgemäße, umfassende und unparteiische Berichterstattung sowie durch die Verbreitung von Meinungen. Er trägt zur Bildung und Unterhaltung bei. Der Rundfunk hat die freiheitliche demokratische Grundordnung, die Menschenwürde, religiöse und weltanschauliche Überzeugungen zu achten. Die Verherrlichung von Gewalt sowie Darbietungen, die das allgemeine Sittlichkeitsgefühl grob verletzen, sind unzulässig. Meinungsfreiheit, Sachlichkeit, gegenseitige Achtung, Schutz vor Verunglimpfung sowie die Ausgewogenheit des Gesamtprogramms sind zu gewährleisten.
(2) Rundfunk wird in öffentlicher Verantwortung und in öffentlich-rechtlicher Trägerschaft betrieben. An der Kontrolle des Rundfunks sind die in Betracht kommenden bedeutsamen politischen, weltanschaulichen und gesellschaftlichen Gruppen angemessen zu beteiligen. Der Anteil der von der Staatsregierung, dem Landtag und dem Senat in die Kontrollorgane entsandten Vertreter darf ein Drittel nicht übersteigen. Die weltanschaulichen und gesellschaftlichen Gruppen wählen oder berufen ihre Vertreter selbst.
(3) Das Nähere regelt ein Gesetz.

BayMG

Art. 2 Öffentlich-rechtliche Trägerschaft, Organisation
(1) Rundfunk im Rahmen dieses Gesetzes wird in öffentlicher Verantwortung und in öffentlich-rechtlicher Trägerschaft der Bayerischen Landeszentrale für neue Medien (Landeszentrale) betrieben.
(2) Im Rahmen dieses Gesetzes organisiert die Landeszentrale Rundfunkprogramme aus von Rundfunkanbietern (Anbieter) gestalteten Beiträgen. Dabei ist auf eine qualitätsvolle Programmgestaltung hinzuwirken.

RStV

§ 20 Zulassung
(1) Private Veranstalter bedürfen zur Veranstaltung von Rundfunk einer Zulassung. …

§ 20b Hörfunk im Internet

Wer Hörfunkprogramme ausschließlich im Internet verbreitet, bedarf keiner Zulassung. Er hat das Angebot der zuständigen Landesmedienanstalt anzuzeigen. Im Übrigen gilt § 20a entsprechend.

MedStV-E

§ 52 Zulassung
(1) Private Veranstalter bedürfen zur Veranstaltung von Rundfunkprogrammen einer Zulassung. § 54 bleibt unberührt. Die Zulassung eines Veranstalters nicht bundesweit ausgerichteten Rundfunks richtet sich nach Landesrecht. Für die Zulassung eines Veranstalters bundesweit ausgerichteten Rundfunks gelten die §§ 52 bis 58; im Übrigen gilt Landesrecht.
...

§ 54 Zulassungsfreie Rundfunkprogramme
(1) Keiner Zulassung bedürfen

1. Rundfunkprogramme, die nur geringe Bedeutung für die individuelle und öffentliche Meinungsbildung entfalten,
2. Rundfunkprogramme, die im Durchschnitt von sechs Monaten weniger als 20.000 gleichzeitige Nutzer erreichen oder in ihrer prognostizierten Entwicklung erreichen werden.

Die zuständige Landesmedienanstalt bestätigt die Zulassungsfreiheit auf Antrag durch Unbedenklichkeitsbescheinigung.
(2) Die Landesmedienanstalten regeln das Nähere zur Konkretisierung der Zulassungsfreiheit nach Absatz 1 durch Satzung.
...

A. Einleitung

Spektabilität, meine sehr geehrten Damen und Herren, liebe Freunde und Kollegen, liebe *Irmtrud Bethge*, lieber *Herbert Bethge*, der Freistaat Bayern ist etwas Besonderes. Das gilt – im Rahmen der bundesstaatlichen Möglichkeiten – auch für seine Rechtsordnung. Wenn Juristen aus anderen Ländern auf den Freistaat blicken, tun sie das manchmal mit ein wenig Neid, weil die eine oder andere Frage hier besser geregelt ist als anderswo – oder weil sie in Bayern überhaupt geregelt ist. Manchmal tun sie das auch mit einem leichten Schmunzeln: Die Frage, in welchem Land bestimmte Dinge abweichend von allen anderen Ländern geregelt sein könnten, verbraucht sich in einer Vorlesung erfahrungsgemäß schon bald: Die regelmäßig richtige Antwort – „Bayern" – spricht sich schnell herum. Letztlich ist das ein in Bayern besonders bewusst gelebter Föderalismus, der typischerweise wenig Schwierigkeiten bereitet. Etwas anders gelagert ist die bayerische Sondersituation im Rundfunk, die zu erheblichen Verständnis- und Anwendungsschwierigkeiten führt.

B. Das bayerische Sondermodell im Rundfunk

I. Die Vorgaben des Art. 111a Abs. 2 S. 1 BayVerf.

Art. 111a Abs. 2 S. 1 BayVerf. schreibt vor, dass Rundfunk in öffentlicher Verantwortung und in öffentlich-rechtlicher Trägerschaft betrieben wird. Die bundesweit einmalige Vorschrift wurde 1973 in die Landesverfassung aufgenommen. Sie hat zur Folge, dass echter privater Rundfunk auf der Grundlage bayerischen Rechts ausgeschlossen ist. Private bleiben allerdings nicht vollständig außen vor. Ihre Beteiligung vollzieht sich jedoch gewissermaßen unter einem öffentlich-rechtlichen Dach,[1] also – um es mit dem Jubilar zu sagen – in einem „Kombinationsmodell" bzw. einem „Integrationsmodell".[2] Eine duale, durch das Nebeneinander von öffentlich-rechtlichem und privatem Rundfunk geprägte Rundfunkordnung, für die sich die 15 anderen Länder entschieden haben, darf es in Bayern nicht geben.[3]

---

1 *Bornemann/von Coelln/Hepach/Himmelsbach/Gundel*, BayMG, Loseblatt, Stand 47. EL Januar 2020, Art. 2 BayMG Rn. 7.

2 *Bethge*, in: BLM, BLM-Symposion Medienrecht 2011, 2011, S. 77 (91).

3 Zutreffend BayVerfGHE 39, 96 (137 f.); 43, 170 (180); 53, 196 (208); 54, 165 (171); *Holzner*, Verfassung des Freistaates Bayern, 2014, Art. 111a Rn. 4; a.A. *P. M. Huber*, BayVBl. 2004, 609 (614).

II. Die einfach-gesetzliche Umsetzung

Und es gibt sie auch nicht: Wer gestern oder heute auf der A3 bei Frankfurt *FFH* den Vorzug vor *Hessen 3* gegeben hat, hat sich für das Programm eines privaten Veranstalters entschieden – anders als derjenige, der im weiteren Verlauf ab Aschaffenburg *Antenne Bayern* gehört hat. Veranstalter im Rechtssinne war hier vielmehr die *Bayerische Landeszentrale für neue Medien*, kurz *BLM*. Art. 2 BayMG nämlich setzt die Vorgabe des Art. 111a BayVerf. so um, dass Rundfunk in öffentlicher Verantwortung und in öffentlich-rechtlicher Trägerschaft eben dieser Landeszentrale betrieben wird. Akteure wie z.B. *Antenne Bayern* sind im bayerischen Modell bloße Anbieter, die Beiträge gestalten, aus denen die *BLM* Rundfunkprogramme organisiert.

1. Regelung durch das BayMEG und das BayMG

Diese Rechtslage besteht in Bayern im Wesentlichen seit 1985. Statuiert worden war sie zunächst durch das Medienerprobungs- und Entwicklungsgesetz (BayMEG).[4] Diese Regelung wurde sofort mit mehreren Anträgen vor dem *Bayerischen Verfassungsgerichtshof* angegriffen. Dass sie nicht – wie beantragt – für nichtig erklärt wurde, muss jedenfalls auf der heutigen Veranstaltung mit Blick auf die Popularklage des Deutschen Gewerkschaftsbundes, Landesbezirk Bayern, als erstaunlich gelten. Der DGB nämlich wurde von keinem geringeren als von *Herbert Bethge* vertreten. Dieser war zwar erst wenige Jahre zuvor an die frisch gegründete Universität Passau berufen worden. Er hatte sich aber – von thematisch einschlägigen Veröffentlichungen abgesehen – durch Prozessvertretungen in Rundfunksachen vor dem BVerwG[5] und vor dem BVerfG[6] auch forensisch bereits einen Namen gemacht.

Das BayMEG kam im Wesentlichen unversehrt davon. 1992 wurde es durch das BayMG ersetzt, das dem Grunde nach[7] bis heute fortgilt.

---

4 BayMEG v. 22.11.1984, BayGVBl. S. 445, ber. S. 546.

5 BVerwGE 54, 29 ff. (Rechtsaufsicht NDR – Vertretung des NDR).

6 BVerfGE 57, 295 ff. (Saarländisches Privatfunkgesetz – Vertretung des Landes Hessen, der Freien und Hansestadt Hamburg und der Freien Hansestadt Bremen); 73, 118 ff. (Niedersächsisches Privatfunkgesetz – Vertretung der ARD).

7 Eine grundlegende Änderung stellte die Entlassung der Medienbetriebsgesellschaften aus ihren gesetzlichen Rechten und Pflichten dar, die durch das 2. BayMG-ÄndG (v. 27.12.1997, BayGVBl. S. 843) vorgenommen wurde. Zur Stellung und zur Funktion der Medienbetriebsgesellschaften sowie zu den Gründen für ihre Herauslösung aus dem bayerischem Rundfunkmodell s. die Begründung der Staatsregierung zum Entwurf des 2. BayMG-ÄndG, BayLT-Drucks. 13/8440, S. 1 ff.

2. *Die Gestaltung des Modells im Einzelnen*

a) *Rundfunk in öffentlicher Verantwortung und öffentlich-rechtlicher Trägerschaft*

Es ordnet in seinem Art. 2 Abs. 1 – ebenso wie Art. 111a Abs. 2 S. 1 BayVerf. – an, dass Rundfunk in öffentlicher Verantwortung betrieben wird. Insofern verweist es darauf, dass die Rundfunkveranstaltung im öffentlichen Interesse liegt und daher eine öffentliche Aufgabe darstellt. Das gilt zwar auch für die Presse. Der Rundfunk aber unterliegt – das drückt der Begriff der öffentlichen Verantwortung aus – auf Grund seiner gesteigerten Wirkmacht besonderen inhaltlichen Bindungen. Der in der Verfassung und vom einfachen Gesetzgeber gewählte Weg, dieser Verantwortung gerecht zu werden, ist die Trägerschaft der Landeszentrale.[8] Diese ist öffentlich-rechtlich verfasst. Um Träger des Rundfunks sein zu können, um also Trägerschaft auszuüben, muss sie die Letztverantwortung für den Rundfunk tragen.[9] Das bedingt Möglichkeiten der Gestaltung und der Einflussnahme:[10] Verantwortung ohne Kompetenzen kennt die Rechtsordnung nicht.[11]

b) *Funktionenteiliger Rundfunk*

Letztverantwortung ist aber nicht gleichzusetzen mit Gestaltung. Vielmehr ist Rundfunk in Bayern insgesamt funktionenteilig organisiert: Die Landeszentrale organisiert Rundfunkprogramme (Art. 2 Abs. 2 S. 1 BayMG). Sie hat dabei auf eine qualitätsvolle Programmgestaltung hinzuwirken (Art. 2 Abs. 2 S. 2 BayMG) – die aber den Anbietern obliegt (Art. 2 Abs. 2 S. 1 BayMG).

III. Die Gültigkeit des bayerischen Modells

Diese hier nur in aller Kürze skizzierten Regelungen verstoßen nicht gegen höherrangiges Recht. Bei Art. 111a Abs. 2 S. 1 BayVerf. handelt es sich – auch wenn gelegentlich das Gegenteil behauptet wird –[12] um geltendes

---

8 *Bornemann/von Coelln/Hepach/Himmelsbach/Gundel* (Fn. 1), Art. 2 BayMG Rn. 29 ff.

9 BayVerfGHE 54, 165 (171).

10 So schon zutreffend BayVerfGHE 39, 96 (138), s. auch BayVerfGHE 43, 170 (181); 46, 191 (198); 54, 165 (171).

11 *von Coelln*, in: BLM, BLM-Symposion Medienrecht 2005, 2006, S. 48 (52).

12 Zu generellen Zweifeln an der Vereinbarkeit des bayerischen Modells mit Bundesrecht s. *Lorenzmeier*, BayVBl. 2013, 653; *ders.*, Rechtmäßigkeit der Lokalrundfunkfinanzierung in Bayern, 2011, S. 25 ff. Für eine von Art. 5 Abs. 1 S. 2 GG vermeintlich

Landesverfassungsrecht.[13] So sieht es auch der BayVerfGH. Er beruft sich insofern zu Recht auf das BVerfG, das ausdrücklich entschieden hat, es sei dem VerfGH unbenommen, Art. 111a BayVerf. im Sinn eines Verbots unmittelbarer privater Trägerschaft von Rundfunk in Bayern auszulegen.[14] Aus europarechtlicher Perspektive ist gegen das bayerische Modell im Ergebnis ebenfalls nichts zu erinnern.[15]

C. Aktuelle Herausforderungen

Ungeachtet dessen sieht sich der bayerische Sonderweg aktuell verschiedenen Herausforderungen gegenüber. Zwei davon möchte ich im Folgenden aufgreifen:

Zunächst möchte ich der Frage nachgehen, inwiefern das Trägerschaftsmodell und neuere Entwicklungen zur Regulierung bzw. Deregulierung insbesondere internetgestützter Angebote zueinander passen. Bleibt der Freistaat Bayern hier anschlussfähig? Oder hindert ihn die Sondersituation an Lösungen, die allgemein für sinnvoll gehalten werden? Rechtspolitisch könnten daraus Gefahren für den Fortbestand des Modells erwachsen (im Anschluss I.).

Sodann möchte ich anhand eines konkreten Beispiels zeigen, dass die grundrechtsdogmatischen Konsequenzen des Sonderwegs nicht immer hinreichend bedacht werden – was das bayerische Konstrukt aus Anlass eines konkreten Verfahrens letztlich doch zu Fall bringen könnte (unten II.).

I. Das Trägerschaftsmodell und die Kontrolle des Zugangs zum Rundfunk

Die erste Herausforderung entspringt einer steigenden Zahl elektronischer Massenmedien, die der einfache Gesetzgeber keiner Zulassungspflicht mehr unterwirft. Diese Entwicklung führt zu der Frage, in welchem Verhältnis das

---

verbürgte Veranstalterfreiheit etwa *H.H. Klein*, Die Rundfunkfreiheit, 1978, S. 41 ff.; *Hain*, Rundfunkfreiheit und Rundfunkordnung, 1993, S. 80 ff.

13 Richtig *Bethge*, in: Sachs, GG, 8. Aufl. 2018, Art. 5 Rn. 102: Art. 5 Abs. 1 S. 2 GG lässt die Einführung von Privatfunk zu. Es gebietet sie aber nicht: Das GG enthält keine gesetzesungebundene Privatrundfunkfreiheit. Überzeugend für die Vereinbarkeit des bayerischen Rundfunkmodells u.a. mit Bundesrecht auch die eingehende Untersuchung von *Ossenbühl*, Rechtsfragen des Teilnehmerentgelts nach bayerischem Medienrecht, 2003, S. 53 ff.

14 BVerfGE 97, 298 (315).

15 Dazu zuletzt etwa *Gundel*, in: BLM, BLM-Symposion Medienrecht 2018, 2019, S. 137 ff.

Zulassungserfordernis und das Trägerschaftsmodell zueinander stehen. Kann es Trägerschaft ohne Zulassung bzw. Genehmigung überhaupt geben?

1. *Öffentlich-rechtliche Trägerschaft bei genehmigungspflichtigen Angeboten*

Diese Frage war lange Zeit allenfalls von theoretischem Interesse. Das Zulassungserfordernis gehörte in der Lesart des BVerfG ausdrücklich zum verpflichtenden Bestandteil der positiven Rundfunkordnung, deren Schaffung dem Gesetzgeber durch Art. 5 Abs. 1 S. 2 GG verfassungskräftig aufgegeben wird. Bei jeder Form der gesetzlichen Ordnung des Rundfunks sei eine vorherige Überprüfung unverzichtbar, ob bei der Aufnahme privater Rundfunkveranstaltungen oder einem Hinzutreten weiterer Veranstalter den Anforderungen der Rundfunkfreiheit Genüge getan sei.[16] Der Gesetzgeber müsse Zugangsregelungen schaffen und für die Prüfung und Entscheidung ein rechtsstaatliches Verfahren vorsehen.[17] Folgerichtig formuliert § 20 Abs. 1 S. 1 RStV, dass private Veranstalter zur Veranstaltung von Rundfunk einer Zulassung bedürfen. Im bayerischen Medienmodell stellt sich diese Zulassung als Genehmigung der Verbreitung von Rundfunkangeboten nach dem BayMG dar. Diese ist Bestandteil des Trägerschaftsvorbehalts;[18] die Zulassungskontrolle gewährleistet, dass die Programmverantwortung der Landeszentrale gesichert wird.[19]

2. *Öffentlich-rechtliche Trägerschaft bei lediglich anzeigepflichtigen Angeboten?*

Mit Blick auf Hörfunkprogramme, die ausschließlich im Internet verbreitet werden, lässt sich das so eindeutig nicht mehr sagen. Sie bedürfen keiner Zulassung mehr, seit 2009 durch den 12. RÄndStV ein neuer § 20b in den RStV aufgenommen wurde. Reines Internetradio muss lediglich noch angezeigt werden. Eine echte präventive Zugangskontrolle ist das nicht. Im Lichte von Art. 5 Abs. 1 S. 2 GG ist die Erleichterung des Zugangs wegen der geringeren Meinungsbildungsrelevanz des Internethörfunks zulässig.[20] § 20b RStV erweist sich

---

16 BVerfGE 57, 295 (326); 73, 118 (198).

17 BVerfGE 57, 295 (326); 73, 118 (198); 121, 30 (51).

18 *Bornemann/von Coelln/Hepach/Himmelsbach/Gundel* (Fn. 1), Art. 25 BayMG Rn. 27.

19 *Bornemann/von Coelln/Hepach/Himmelsbach/Gundel* (Fn. 1), Art. 26 BayMG Rn. 9.

20 Dazu *Schulz*, in: Binder/Vesting, Beck'scher Kommentar zum Rundfunkrecht, 4. Aufl. 2018, § 20b Rn. 2; *von Coelln*, in: Stern/Peifer/Hain, Publizistischer und ökonomischer Wettbewerb unter den Bedingungen der neuen Medienwelt, 2010, S. 17 (42 ff.). *Martini*, in: Gersdorf/Paal, BeckOK Informations- und Medienrecht, 27. Ed. Stand

jedoch als intensiver Belastungstest für das Trägerschaftsmodell, den dieses aber besteht: Die Zulassungsfreiheit dieser Programme ist grundsätzlich vom Gestaltungsspielraum des Gesetzgebers gedeckt, sofern man annimmt, dass schon die Anmeldung eines Internetradioanbieters bei der Landeszentrale nach § 20b RStV die Trägerschaft der Landeszentrale begründet – und zwar mit allen Trägerschaftsbefugnissen. Zudem muss analog zum hier ja notwendig ausscheidenden Zulassungswiderruf eine Untersagung möglich sein.[21]

3. *Keine öffentlich-rechtliche Trägerschaft bei anzeige- und genehmigungsfreien Angeboten*

Damit aber ist der Spielraum des Modells ausgereizt. Trägerschaft ohne Zulassung kann es noch geben. Trägerschaft sogar ohne Anmeldung hingegen kann es nicht geben.[22] Für Angebote, von deren Existenz die Landeszentrale nicht einmal weiß, kann sie nicht die Letztverantwortung tragen. Daraus ergeben sich zwei Fragen:

a) Die Bedeutung für Telemedien

Die erste lautet: Wie fügen sich Telemedien in das Trägerschaftsmodell ein? Sie werden von §§ 4 TMG, 54 Abs. 1 RStV ausdrücklich für „zulassungs- und anmeldefrei" erklärt. Auf Grund ihrer unkörperlichen Verbreitung stellen sie nach im Einzelnen strittiger,[23] aber wohl richtiger Auffassung Rundfunk i.S.v. Art. 5 Abs. 1 S. 2 GG dar.[24] Da Art. 111a Abs. 2 S. 1 BayVerf. verlangt, dass Rundfunk in öffentlich-rechtlicher Trägerschaft betrieben wird, würde das auch für Telemedien gelten – sofern die Vorschrift denselben Rundfunkbegriff wie das GG verwenden sollte. Dagegen spricht, dass das Trägerschaftsmodell Gefahren für die Meinungsbildung abwenden sollte, die durch Telemedien kaum drohen dürften. Immerhin ist schon ihre Anmeldefreiheit überhaupt erst durch ihre vergleichsweise geringe Meinungsbildungsrelevanz gerechtfertigt. Richtigerweise wird daher für Art. 111a BayVerf. ein engerer Rundfunkbegriff vertreten, der

---

01.05.2019, § 20b RStV Rn. 9, weist auf so immerhin bestehende Kontroll- und Sanktionsmöglichkeiten hin.

21 *Bornemann/von Coelln/Hepach/Himmelsbach/Gundel* (Fn. 1), Art. 25 BayMG Rn. 28.

22 *von Coelln*, in: BLM, BLM-Symposion Medienrecht 2017, 2018, S. 15 (47).

23 Beispielhaft *Gersdorf*, Legitimation und Limitierung von Onlineangeboten des öffentlich-rechtlichen Rundfunks, 2009, S. 103 ff., der reine Lesemedien auch bei elektronischer Verbreitung in Art. 5 Abs. 1 S. 2 GG der Pressefreiheit zuordnen will.

24 S. nur *Bethge* (Fn. 13), Art. 5 Rn. 90b.

allein besonders meinungsrelevante Angebote erfasst – m.a.W.: den klassischen linearen Rundfunk.[25] Für Telemedien gilt der Trägerschaftsvorbehalt bei dieser Beurteilung schon tatbestandlich nicht.

b) *Zulassungsfreie Rundfunkangebote nach dem geplanten Medienstaatsvertrag*

Die zweite Frage lautet, ob der geplante neue Medienstaatsvertrag hinreichend Raum für die Berücksichtigung der bayerischen Sonderkonditionen lassen wird. Potentiell problematisch erscheint hier, dass der vorliegende, von den Ministerpräsidenten beschlossene Entwurf des MedStV[26] in seinem § 54 Abs. 1 (für bundesweit ausgerichtete Angebote)[27] die Kategorie zulassungsfreier Rundfunkprogramme einführt, für die er nicht einmal eine Anzeigepflicht vorsieht. Mit dem Trägerschaftsmodell lässt sich das nur – aber immerhin – auf zwei Wegen vereinbaren: Entweder geht man davon aus, dass die Fallgruppen des § 54 Abs. 1 S. 1 MedStV-E[28] eine so geringe Meinungsrelevanz aufweisen, dass sie nicht vom Trägerschaftsvorbehalt erfasst werden. Oder man hält die *BLM* für berechtigt, in einer auf § 54 Abs. 2 MedStV-E gestützten Satzung als „Konkretisierung der Zulassungsfreiheit“[29] eine Anmeldepflicht zu statuieren.

4. *Zwischenergebnis: Die Kontrolle des Zugangs zum Rundfunk als lösbares Problem*

Alles in allem erweist sich das Trägerschaftsmodell damit als nach wie vor anschlussfähig an die bundesweite Entwicklung. Die Sorge (oder, je nach Sichtweise: Hoffnung), die Inkompatibilität mit der Entwicklung des sonstigen

---

25 *Bornemann/von Coelln/Hepach/Himmelsbach/Gundel* (Fn. 1), Art. 1 BayMG Rn. 33; *Möstl*, in: Lindner/Möstl/Wolff, Verfassung des Freistaates Bayern, 2. Aufl. 2017, Art. 111a Rn. 9.

26 Später in den hier relevanten Teilen unverändert übernommen in den beispielsweise in BayLT-Drucks. 18/7640 abgedruckten Entwurf.

27 S. § 50 S. 1 MedStV-E.

28 Rundfunkprogramme, die nur geringe Bedeutung für die individuelle und öffentliche Meinungsbildung entfalten (Nr. 1) oder die im Durchschnitt von sechs Monaten weniger als 20.000 gleichzeitige Nutzer erreichen oder in ihrer prognostizierten Entwicklung erreichen werden (Nr. 2).

29 Die Vorschrift sieht vor, dass die Landesmedienanstalten das Nähere zur Konkretisierung der Zulassungsfreiheit nach § 54 I MedStV-E durch Satzung regeln.

Rundfunkrechts könnte früher oder später zu einer Verfassungsänderung führen, ist unbegründet.

II. Die Grundrechtsposition der Landeszentrale

Gefahr droht dem bayerischen Modell derzeit an anderer Stelle. Im Kern geht es um die grundrechtliche Stellung der am Rundfunk Beteiligten, insbesondere der *BLM*.

1. Die Träger der Rundfunkfreiheit vor und nach „extra radio"

Diese Stellung schien unter den Sonderbedingungen des bayerischen Modells zunächst leicht zu bestimmen: Träger der Rundfunkfreiheit war – so sah es jedenfalls der BayVerfGH – allein die Landeszentrale als Rundfunkveranstalterin. Die Anbieter sollten lediglich – durch den Gleichheitssatz, aber nicht durch die Rundfunkfreiheit – vor Willkür geschützt sein.[30]

Dem ist das BVerfG 1998 für die grundgesetzliche Ebene nicht gefolgt: Seiner Auffassung nach schützt die grundgesetzliche Rundfunkfreiheit nach Art. 5 Abs. 1 S. 2 GG wegen deren Rolle im Bereich der Programmgestaltung auch bayerische Anbieter.[31] Unabhängig davon, was man von der Entscheidung hält:[32] Für die Rechtspraxis ist sie verbindlich. Die These vom exklusiven Schutz der Landeszentrale durch die Rundfunkfreiheit lässt sich seither nicht mehr aufrechterhalten.[33] Zu weit gehen würde man jedoch, wenn man umgekehrt der Landeszentrale den Schutz der Rundfunkfreiheit absprechen und nun allein die Anbieter als Träger dieses Grundrechts ansehen würde. Das hat das BVerfG nicht nur nicht gesagt. Eine solche Sichtweise wäre auch mit Art. 111a BayVerf. nicht vereinbar. *Herbert Bethge* hat es in einer grundlegenden Untersuchung zum verfassungsrechtlichen Status der BLM, die sogar eine zweite Auflage erfahren hat, klar formuliert: Es muss einen verantwortlichen öffentlich-rechtlichen Träger geben, der Inhaber des Grundrechts der Rundfunkfreiheit ist. Die privaten Anbieter können das schwerlich sein.[34] Die Bayerische Verfassung lässt es

---

30 BayVerfGHE 39, 96 (150).

31 BVerfGE 97, 298 (310 ff.). Die Entscheidung geht sogar noch weiter und spricht auch Bewerbern um eine Lizenz den Schutz des Art. 5 Abs. 1 S. 2 GG zu – s. BVerfGE 97, 298 (312).

32 Zur Kritik s. nur *Stettner*, ZUM 1998, 312 ff.

33 *Bornemann/von Coelln/Hepach/Himmelsbach/Gundel* (Fn. 1), Art. 2 BayMG Rn. 12. Bestätigt wurde die *extra radio*-Entscheidung in BVerfGE 114, 371 (389).

34 *Bethge*, Der verfassungsrechtliche Status der BLM, 2. Aufl. 2011, S. 32 f.

also nicht zu, das Verhältnis zwischen der Landeszentrale und den Anbietern als lediglich grundrechtsgebundene behördliche Aufsicht über allein grundrechtsberechtigte Anbieter zu verstehen.[35]

Der BayVerfGH bejaht daher zu Recht auch nach „extra radio“ den Schutz der *BLM* durch die Rundfunkfreiheit der Landesverfassung.[36] Er bezieht nun allerdings die Anbieter in den Schutz dieses Grundrechts ein.[37] Damit hat er einen Weg gefunden, die Vorgaben des BVerfG unter größtmöglicher Wahrung bayerischer Verfassungsrechtssubstanz zu befolgen.[38] Nur am Rande sei erwähnt, dass sich richtigerweise sowohl die Anbieter als auch die BLM jeweils auf Art. 5 Abs. 1 S. 2 GG berufen können.[39] Relevant wird das letztlich allein für die Möglichkeit, eine Verfassungsbeschwerde zum BVerfG zu erheben.

2. *Die Bedeutung des Grundrechtsschutzes der BLM auch im Verhältnis zu den Anbietern*

Der Grundrechtsschutz der Landeszentrale wirkt nicht allein staatsgerichtet, sondern zugleich im Verhältnis zu den Anbietern. „Es ist“ – einmal mehr in den Worten von *Herbert Bethge* – „nicht richtig, die Grundrechtsrolle der BLM inklusive der von ihr gedeckten Befugnisse und Handlungsmöglichkeiten ausschließlich auf die Relation gegenüber der Staatsverwaltung zu beschränken.“[40] Die bayerische Verfassungsrechtslage und das auf ihrer Grundlage normierte funktionenteilige Rundfunksystem verbieten den – in anderen Zusammenhängen zulässigen und etwa aus der Fraport-Entscheidung[41] geläufigen – Schluss,

35 *Bornemann/von Coelln/Hepach/Himmelsbach/Gundel* (Fn. 1), Art. 2 BayMG Rn. 12.

36 BayVerfGHE 54, 165 (171); 56, 1 (5); 58, 137 (144). Zustimmend *Holzner* (Fn. 3), S. 24; *Wieland*, Lokalrundfunkfinanzierung in Bayern, 2009, S. 34 f. *Krausnick*, in: Meder/Brechmann, Die Verfassung des Freistaates Bayern, 5. Aufl. 2014, Art. 111a Rn. 29, führt aus, es sei umstritten, ob auch die BLM Grundrechtsträgerin sei, bleibt jedoch Nachweise für die vermeintliche Gegenauffassung schuldig. Und wenn *Stettner*, in: Nawiasky/Schweiger/Knöpfle, Die Verfassung des Freistaates Bayern, Loseblatt, Stand 14. EL Juli 2008, Art. 111a Rn. 51, anmerkt, BVerfGE 97, 298 (314), habe die Inhaberschaft unentschieden gelassen, so ist dies nur für die vor dem BVerfG allein maßstäbliche Rundfunkfreiheit aus Art. 5 Abs. 1 S. 2 GG richtig.

37 BayVerfGHE 56, 1 (5); 58, 137 (144 f.).

38 Zu den Schwierigkeiten, die aus dieser Konstruktion (zusätzlich) erwachsen, s. *Möstl* (Fn. 25), Art. 111a Rn. 4.

39 *Bornemann/von Coelln/Hepach/Himmelsbach/Gundel* (Fn. 1), Art. 2 BayMG Rn. 14.

40 *Bethge* (Fn. 34), S. 42.

41 BVerfGE 128, 226 (244).

dass Grundrechtsbindung die gleichzeitige Berufung auf eigene Grundrechte ausschließt.

3. Der Fall „Zuffa“

Wenn die Rundfunkfreiheit der Landeszentrale aber sogar gegenüber Anbietern relevant ist, müsste sie dann nicht erst recht gegenüber Dritten wie bloßen Zulieferern und Inhalteproduzenten von Bedeutung sein? Der Schluss liegt mindestens nahe. Umso erstaunlicher ist es, dass ihn die Verwaltungsgerichtsbarkeit im sog. „*Zuffa*“-Fall abgelehnt hat.

a) Der Sachverhalt

Die namensgebende Gesellschaft, die *Zuffa UK Ltd.*, veranstaltet sog. „Mixed Martial Arts“-Wettkämpfe (kurz: MMA) und vermarktet diese medial. MMA ist eine Kombination verschiedener Kampfsporttechniken, die Kritikern als besonders brutal und weitgehend regellos gilt. Von der Zuffa produzierte Beiträge waren im Programm des Deutschen Sportfernsehen (später: *Sport 1*) ausgestrahlt worden, eines auf der Grundlage des BayMG und mit einer Genehmigung der *BLM* operierenden Anbieters. Die *BLM* hatte die Formate zunächst genehmigt, verlangte dann aber eine Programmänderung. Der Anbieter hatte das akzeptiert und die entsprechenden Formate nicht mehr ausgestrahlt.

b) Das fachgerichtliche Verfahren

Damit hätte der Fall juristisch schon beendet sein können. Jedoch hat die Inhalteproduzentin gegen den Bescheid der *BLM*, der gegen den Anbieter gerichtet war, geklagt. Fachgerichtlich hat dieser langwierige Rechtsstreit – der Ausgangsbescheid stammt aus dem Jahr 2010 – nach einem bis zum BVerwG geführten Zwischenstreit über die Zulässigkeit der Klage[42] durch Hauptsacheentscheidungen

---

42 VG München, Urteil v. 23.05.2013, M 17 K 10.1438; BayVGH ZUM-RD 2014, 189 ff.; BVerwGE 152, 122 ff. Hinzu kommen Entscheidungen im Eilverfahren nach § 80 V VwGO (VG München, Beschl. v. 08.04.2010, M 17 S 10.1437; BayVGH ZUM 2010, 612 f.; VG München, Beschl. v. 15.06.2010, M 17 S 10.1437; BayVGH ZUM 2010, 998 ff.; BayVGH, Beschl. v. 22.10.2010, 7 CS 10.2497), eine anschließende Entscheidung des BVerfG über einen Antrag auf einstweilige Anordnung (BVerfG ZUM 2011, 234 ff.) und eine – vom BVerfG noch nicht entschiedene – Verfassungsbeschwerde der Zuffa UK Ltd. Nach der Entscheidung des BVerwG im Zwischenstreit über die Zulässigkeit (BVerwGE 152, 22 ff.) hat die Beschwerdeführerin das Ruhen des Verfahrens beantragt.

des VG München[43] und des BayVGH[44] jedenfalls ein vorläufiges Ende gefunden, nachdem das BVerwG 2018 die Zulassung der Revision abgelehnt hat.[45] Im Ergebnis haben die Gerichte die Klage der *Zuffa* für zulässig und begründet gehalten und ihr daher stattgegeben. Der Bescheid sei rechtswidrig und verletze die *Zuffa* in ihrer Berufsfreiheit. Auf Grundrechte der *BLM* soll es von vornherein nicht ankommen: Wenn die Landeszentrale wie im Ausgangsfall aufsichtlich tätig werde, könne sie – so wörtlich der BayVGH „aus ihrer eigenen Grundrechtsträgerschaft keine besonderen Rechte im Verhältnis zu Anbietern oder Zulieferern herleiten".[46]

c) Die anhängige Verfassungsbeschwerde und ihre möglichen Resultate

Die Landeszentrale hat gegen diese Entscheidungen Verfassungsbeschwerde zum BayVerfGH erhoben.[47]

aa) Ausgewählte Argumente für eine Begründetheit der Verfassungsbeschwerde

Deren Erfolgsaussichten werden – so schön das im Rahmen der heutigen Veranstaltung auch wäre – nicht entscheidend davon beeinflusst, dass einer der akademischen Schüler gerade von *Herbert Bethge* die *BLM* vertritt.[48] Gleichwohl sollte die Verfassungsbeschwerde Erfolg haben. Die angegriffenen fachgerichtlichen Entscheidungen verletzen die Rundfunkfreiheit der Landeszentrale aus unterschiedlichen Gründen, von denen im Folgenden nur zwei genannt werden sollen.

---

43 VG München, ZUM-RD 2015, 344 ff.

44 BayVGH ZUM 2018, 228 ff. Vorausgegangen war die Zulassung der Berufung durch BayVGH, Beschl. v. 01.07.2016, 7 ZB 15.229.

45 BVerwG NVwZ 2019, 239 ff.

46 BayVerfGH ZUM 2018, 228 (231).

47 Geführt wird das Verfahren unter dem Aktenzeichen Vf. 8-VI-19. – Anmerkung im Rahmen der Drucklegung: Inzwischen ist das Verfahren abgeschlossen. Die *BLM* war erfolgreich, s. BayVerfGH Afp 2021, 264 ff. Die Fußnoten dieses Beitrages wurden in der Vortragsfassung belassen, die die Entscheidung naturgemäß noch nicht berücksichtigen konnte.

48 Prozessvertreter ist der Verfasser dieses Beitrags.

aaa) Die fehlende Relevanz der Zuffa-Berufsfreiheit

Die Landeszentrale wird schon dadurch in ihrer Rundfunkfreiheit aus Art. 111a Abs. 1 S. 1, Abs. 2 S. 1 BayVerf. verletzt, dass diesem Grundrecht mit der Berufsfreiheit der *Zuffa* aus Art. 12 Abs. 1 GG ein Grundrecht entgegengesetzt wird, auf das es richtigerweise gar nicht ankommt. Der Wunsch, Inhalte im Rundfunk zu verbreiten, wird rechtlich exklusiv durch die Rundfunkfreiheit geschützt – die der *Zuffa* gerade nicht zur Verfügung steht. Andere Grundrechte aber greifen hier schon tatbestandlich nicht ein; sie sind daher auch kein Maßstab, an dem Versagungen der Verbreitung im Rundfunk zu messen wären: Wenn ein Bürger seine Meinung im Fernsehen verbreitet sehen möchte, ihm das aber verwehrt wird, liegt darin kein rechtfertigungsbedürftiger Eingriff in die Meinungsfreiheit aus Art. 5 Abs. 1 S. 1 Hs. 1 GG. Zwar schützt diese auch die Entscheidung über die Form der Verbreitung –[49] aber nicht für die Verbreitung in Radio und Fernsehen.[50] Wenn der Organisator einer Versammlung diese im Rundfunk bewerben möchte, daran aber gehindert wird, ist dies nicht an der Versammlungsfreiheit zu messen – die die Werbung für eine Versammlung an sich schützt.[51] Und wenn ein beruflich tätiger Inhalteproduzent daran gehindert wird, seine medialen Angebote im Rundfunk zu verbreiten, ist das nicht an seiner Berufsfreiheit zu messen – obwohl diese die Vermarktung der Produkte an sich erfasst.

bbb) Die Relevanz der Rundfunkfreiheit der BLM

Vor allem aber verletzen die angegriffenen Entscheidungen die Rundfunkfreiheit der Landeszentrale, weil die Fachgerichte auf der anderen Seite die Relevanz der Rundfunkfreiheit der Landeszentrale sogar gegenüber einem bloßen Zulieferer verneint hat. Dass das VG München und der BayVGH bei Beachtung des der BLM zustehenden Grundrechts zu einem anderen Ergebnis gekommen wären, ist zumindest nicht auszuschließen – was für die Begründetheit der Verfassungsbeschwerde bereits ausreicht.[52]

---

49 Dazu *Bethge* (Fn. 13), Art. 5 Rn. 26a.

50 Zum Schutz von Dritten, die ihre Meinung im Rundfunk wiedergegeben haben wollen, allein durch die Meinungsfreiheit BVerwGE 87, 270 (274); BVerwG NVwZ 1986, 379 (380); *Jarass*, in: Jarass/Pieroth, GG, 15. Aufl. 2018, Art. 5 Rn. 46.

51 Zum Versenden von Einladungen und Versammlungsaufrufen *Depenheuer*, in: Maunz/Dürig, GG, Loseblatt, Stand 89. EL Oktober 2019, Art. 8 Rn. 75.

52 S. dazu die nahezu wortgleiche Formulierung in BVerfGE 97, 298 (315). Letztlich handelt es sich aparterweise der Sache nach exakt um die Situation, die das BVerfG in seiner *extra radio*-Entscheidung zur Aufhebung der seinerzeit angegriffenen BayVGH-Entscheidung bewogen hat – lediglich mit dem Unterschied, dass damals

bb) Die Vorlage von Art. 111a Abs. 2 S. 1 BayVerf nach Art. 100 Abs. 1 GG als denkbare Alternative

Das alles gilt solange, wie der BayVerfGH daran festhält, dass die Rundfunkfreiheit der Landeszentrale auch im Verhältnis zu Anbietern von Bedeutung ist. Dabei aber handelt es sich, wie dargestellt, letztlich um eine zwingende Konsequenz des Art. 111a Abs. 2 BayVerf. Der Preis für die Aufgabe der bisherigen verfassungsgerichtlichen Rechtsprechung wäre daher die Nichtigerklärung des Art. 111a Abs. 2 S. 1 BayVerf. Sollte Art. 5 Abs. 1 S. 2 GG echten Privatfunk entgegen der bisher überwiegenden Meinung verlangen, würde der Trägerschaftsvorbehalt gegen das Grundgesetz verstoßen.[53] Darüber autoritativ zu befinden, wäre jedoch nicht die Aufgabe des BayVerfGH. Er müsste, sollte er zu dieser Erkenntnis kommen, Art. 111a Abs. 2 S 1 BayVerf. vielmehr im Wege einer konkreten Normenkontrolle nach Art. 100 Abs. 1 GG dem BVerfG vorlegen.

D. Fazit

Ich komme zum Schluss. Der Sonderweg, den der Freistaat Bayern mit dem öffentlich-rechtlichen Trägerschaftsmodell beschreitet, macht es dem Rechtsanwender nicht immer leicht. Unlösbare Probleme aber wirft die Konstruktion nicht auf. Aktuelle Entwicklungen des Rundfunkrechts der anderen Länder meistert sie zumindest bislang in durchaus eleganter Weise. Und wo sie sich im Einzelfall als sperrig erweist, muss das kein Hinweis darauf sein, dass Art. 111a BayVerf. einen Anachronismus darstellen würde: Kann es nicht gerade der Sinn öffentlich-rechtlicher Trägerschaft sein, dass die Ausstrahlung brutaler Käfigkämpfe auf der Grundlage bayerischen Rechts verhindert werden kann, selbst wenn diese im echten Privatfernsehen anderer Länder gezeigt werden dürfen? So oder so: Im bayerischen Rundfunkrecht gibt es noch viel zu tun. Dass auch die zukünftigen Debatten durch *Herbert Bethge*, den wohl wortmächtigsten Spezialisten auf diesem Rechtsgebiet, substantiell bereichert werden, darauf zu hoffen gibt seine unverändert bewundernswerte Schaffenskraft allen Anlass.

---

die Grundrechtsposition eines Bewerbers durch die Fachgerichtsbarkeit zu Unrecht für unbeachtlich bzw. für nicht existent erklärt worden war, während es nun um die Grundrechtsposition der *BLM* geht.

53 Zu unterschiedlichen denkbaren Szenarien, wie es mit dem öffentlich-rechtlichen Trägerschaftsmodell – dessen Entwicklung er an einem kritischen Punkt verortet – weitergehen könnte, s. *Möstl*, in: BLM, BLM-Symposion Medienrecht 2011, 2011, S. 87 f.

www.ingramcontent.com/pod-product-compliance
Ingram Content Group UK Ltd.
Pitfield, Milton Keynes, MK11 3LW, UK
UKHW022223051026
15624UKWH00002B/310

9 783631 912010